Dedicación

Dedicado a Belén y Daniel, a mis padres, hermano y abuela y a todos aquellos usuarios, familiares, amigos y coincidentes laborales que no quiero dejarme en el tintero y que sin querer o saber, han contribuido con la mayoría de las anécdotas y sabiduría de este libro.

Gracias.

CONTENIDO

PRÓLOGO

Digamos que tuve la suerte de nacer en los años 80, cuando la informática estaba empezando a aparecer en los hogares españoles. No todo el mundo podía tener un ordenador en su casa, no era un bien de primera necesidad, como podría ser hoy día. Tenía 5 o 6 años, cuando el primer ordenador entró en mi casa, era un Amstrad, cuyo disco duro de 16 MB no cabía dentro de la caja del ordenador, era como un ladrillo (literalmente) y estaba encima de la mesa, al lado del teclado.

Tuve la suerte de tener un maestro, a mi padre, que trabajaba por aquel entonces en una gran empresa tecnológica, IBM, la cual podríamos decir que fue la inventora de los ordenadores personales, y debido a esto, mi padre pudo enseñarme, con intención o sin ella, muchas de las cosas que hoy sé. Tuvimos esa facilidad para poder tener un ordenador en casa debido a aquella situación, y mi padre la aprovechó.

Hay un dicho que reza que "Aprendiz de todo, Maestro de nada", y yo estoy de acuerdo con ello, pero también opino que no está de más saber un poco de todo para poder tener variedad de áreas por donde moverte. Ese es mi caso. Soy un "Aprendiz de todo". Al final, sin querer, el Aprendiz ha superado al Maestro, como diría Anakin Skywalker, y todo debido a que ha sido y sigue siendo mi forma de vida, y por necesidades laborales, ha acabado siendo así.

He ido creciendo con el aumento de velocidad de los procesadores, con su botón de Turbo que poca gente recordará, el nacimiento y la muerte de los Diskettes de 5 1/4 y de 3 ½, con el nacimiento de los Cds, de las Consolas, de los Módem que emitían aquellos sonidos tan molestos, y de aquel "Mama, deja el teléfono que necesito conectarme a Internet un momento" y viceversa.

Muchas pequeñas y grandes anécdotas, todas ellas partícipes de mi vida como informático, que me han hecho como soy actualmente.

Pero, sobre todo, al final lo que he aprendido no son solo conocimientos técnicos, sino, a tener la gran cantidad de paciencia que tengo actualmente, porque no nos engañemos, pero para poder arreglar y trastear con ordenadores, hace falta mucha paciencia. Más de la que puedan tener las personas normales.

Misterios de la informática (nivel usuario)

He tocado, podría decir todas o casi todas las áreas que pueda haber en la Informática, desde Diseño 3D pasando por diseño Gráfico, Redes, Sistemas, Bases de Datos y programación de aplicaciones. Más recientemente he empezado con la domótica porque de nuevo, he vivido su nacimiento, como con las anteriores cosas citadas, y me he dado cuenta que esto es y será al final mi manera de vivir, el ir tocando todos los palos según vayan naciendo y evolucionando.

Este libro trata sobre la tecnología y sus misterios, que no son pocos, según los testimonios de la gran cantidad de usuarios a los que he tenido el placer de ayudar o desayudar (en algún momento).

Y concretamente, de esos misterios son los que se van a hablar en este libro, y cómo arreglarlos, o al menos intentar proponer una solución, lógica o no, como la mayor parte de las veces, desde un tono coloquial y poco técnico (lo intentaré), apoyado en las anécdotas que los citados usuarios sufrieron en su momento.

Se van a tratar temas de domótica, un asunto cada vez más popular en nuestro día a día, informática doméstica, informática en el entorno laboral, ofimática, informática en los vehículos, en general, informática, informática y más informática.

Y es que la informática está en todos lados, y por imposible que parezca, tenemos que acostumbrarnos a ella, porque ya está aquí, y a medida que pasan los días, los meses y los años, estará más aquí.

Necesitamos aprender a convivir con ella, a entenderla y, además, a no desesperarnos cuando la utilizamos, porque no olvidemos que las máquinas son objetos que una vez fueron programados y creados por una o varias personas, y como personas que son, también se equivocan. Al final, toda máquina es una extensión de su creador, con sus virtudes y sus defectos.

He dividido el libro en 6 partes o episodios para hacerlo un poco más fácil de entender y separar en cada uno, un tema a tratar, con sus anécdotas y soluciones, y en cada uno, varios subcapítulos con temas particulares de cada parte, y aquí te voy a contar lo que nadie te quiere decir, lo bueno, lo regular y lo malo de la informática, esas anécdotas que o bien por estupidez o bien por desconocimiento ocurren, y quedan escondidas en el momento en que ocurren, entre esas personas involucradas.... ¿Es un libro friki? Algo, no te voy a engañar, pero para entender la tecnología o cualquier cosa específica, hay que serlo, no hay que avergonzarse.

He intentado proponer, bajo mi larga experiencia en estos campos, algunas soluciones que la mayor parte de las veces funcionan, que os evitarán comidas de cabeza innecesarias, búsquedas en la gran G[1], sabiduría de cosas que creo son necesarias hoy día y evitaros problemas con vuestros jefes por no saber solucionar sus torpezas con los ordenadores. De nada...XD...

Comencemos....

---

[1] Google

PRIMERA PARTE - LA INFORMÁTICA EN TU CASA

Siempre he oído que hay que tener un amigo abogado, otro médico, uno mecánico y otro albañil. Con eso podemos cubrir los problemas normales que una persona podría tener habitualmente. Puedes tener un familiar enfermo y tu amigo médico te ayudará o lo intentará, o un problema con los vecinos que tu amigo abogado pueda arreglar, o un problema con tu coche, o una reforma en tu casa, ya me entiendes, "Problemas habituales" que llaman....

Pero ¿qué pasa si tu ordenador personal se rompe, no tienes Internet en casa, tu impresora no funciona o el Wifi no te llega a una habitación particular?

Añadamos a la lista de amigos a tu nuevo amigo, el "amigo informático" tan necesario muchas veces, despreciado otras tantas, y agradecido muchas menos.

Porque sí, amigos, ser informático es una suerte si es tu pasión y te gusta dedicarte a ello, pero también es una faena, porque, eres informático y, además, tienes la mala suerte de que siempre recurrirán a ti, normalmente no te pagarán y te estarás comiendo la cabeza con la solución del problema que te han presentado durante horas, normalmente. Y encima si eres bueno, volverán a llamarte, no te pagarán y tampoco te lo agradecerán.

Con todo esto, y hablo desde mi propia experiencia, si aún quieres hacerte informático, que sepas que ESTO es real.

Y dirás, ¿Por qué no hacerte autónomo, montar una empresa o cualquier otra solución con la que puedas cobrar? La respuesta es muy fácil. Cuando la gente tiene que pagar, le duele más el dinero, y además cuando eso pasa, aparece una relación inversa entre empleo y gasto de gestión, es decir, justo cuando regularizas tu situación, como la gente sabe que cobras por tu trabajo, algo obvio, dejan de llamarte, y tú sigues pagando tus impuestos de Autónomo, o de Empresa y la relación gastos-ingresos pasa a ser más gastos que ingresos.

Porque, ¿Cómo van a pagar a alguien por ir a casa, apretar el botón del Router, esperar unos minutos y misteriosamente Internet vuelve a funcionar? Los casos que te mostraré a continuación, son los más comunes que les han pasado a todas las personas del Primer Mundo. Hay muchos otros, quizá menos populares, pero a quién no le haya pasado ninguno de lo siguiente, es básicamente, porque no vive en el primer mundo o es un Neoludita[2].... He obviado muchos problemas relacionados con Windows, porque el libro es "Nivel usuario" y no quiero meterme en demasiados tecnicismos. El propósito de este libro es poder dar visibilidad a los problemas más comunes que nos puedan pasar, y en concreto en este capítulo, quiero enfocarme en los problemas domésticos más comunes....

EL MALDITO ROUTER

Todos o casi todos, tenemos un Router en casa hoy día. Es un requisito sine qua non para poder tener Internet en nuestro hogar, y sin él, te aseguro que no puedes tenerlo. El solo hecho de tenerlo implica, como es lógico, que pueda romperse eventualmente, como aparato electrónico que es, lo que nos lleva a la famosa expresión de "Maldito Router, se ha roto justo cuando más lo necesitaba".

---

[2] https://es.wikipedia.org/wiki/Neoludismo

Misterios de la informática (nivel usuario)

Existen tres variantes del famoso efecto "Maldito Router" **La primera** es:

– Perdona X[3] pero es que Internet no me funciona, no me funciona el Wifi.

– Vale Y[4], ¿no te funciona el wifi o no te funciona Internet?

– No sé X, ese cacharro tiene unas luces amarillas parpadeando todo el rato y el WhatsApp no manda mensajes y Facebook no abre...

– Vamos a probar una cosa, Y, dame tu clave de wifi e intento yo entrar en Facebook y mandar mensajes en WhatsApp, ¿Vale?

– Vale, toma, esta es la clave.

– Estoy metiendo la contraseña, un segundo...pues a mí parece que me funciona, mira...

– Uy, qué raro X, pues a mí no me funcionaba hace 5 minutos, voy a probar yo, pero seguro que no funciona.... ¡Anda!, Ahora sí funciona...malditos cacharros del demonio, algo habrás tocado tú por ahí,

---

3 Donde X es el nombre de su amigo informático
4 Donde Y es el nombre de la persona con el problema

porque esto no funcionaba antes, te lo juro...estos informáticos....

– No sé, Y, no he tocado nada, solo he venido y he metido tu contraseña del Wifi en mi móvil y ya....

Solución a este misterio: yo lo llamo "el miedo al informático". Es aparecer un informático en la sala, y todo se soluciona. ¿Explicación lógica? No la tengo, no la he encontrado....

Veréis más adelante que esta solución "misteriosa" aparecerá en, podría decir el 90% de los casos que se contarán en este libro. Es una solución muy socorrida, y es como un fantasma porque nunca sabes cuándo aparecerá, y además te solucionará el día...

Segunda variante, o el "botón mágico que solo conocen los que han tocado un Router alguna vez".

Apliquemos el mismo caso que el anterior con la salvedad que esta vez al amigo X se le ocurre otra posible solución para arreglar Internet que es pulsar el botón de apagado y encendido del Router, dejándolo apagado unos 20 segundos, y volviéndolo a encender, lo que nosotros conocemos como "HARD Reset".

Misterios de la informática (nivel usuario)

Cuando se vuelve a encender y todas las luces que deberían estar encendidas lo están, Internet vuelve a funcionar correctamente.

La persona Y se sorprende de cómo ha aparecido ese botón detrás de su Router, que él por supuesto, ha tocado muchas veces, pero que nunca había dado con él, porque sabed, pobres mortales, que los informáticos, aparte de arreglar ordenadores también tenemos el don de hacer aparecer botones donde antes, seguro al 100%, no había nada.

La solución a este problema: Algunos la llaman memoria electrónica. Condensadores, chips que guardan estados, etc... Básicamente TODOS los dispositivos electrónicos que están bastante tiempo encendidos, como en este caso los Routers, necesitan reiniciarse periódicamente para actualizarse, liberar memoria, o simplemente descansar. Un equivalente a una siesta electrónica...

Tercera y última variante: La variante más desesperante con la que te encontrarás miles de veces, pero que por suerte para ti la solución siempre será la misma. Suelen ser problemas ajenos a nuestra casa véase el famoso proveedor de Internet[5], donde el usuario llama a Atención al Cliente, le tienen 20 minutos esperando para pasarle al final con un técnico que le dice literalmente:

– Reinicie Router que voy a hacer unas pruebas.

– ¿Cómo se reinicia el Router?

– Hay un botón (¿Mágico?) en la parte de atrás del Router

– No me suena, voy a mirar...anda, si es verdad, aquí está. Vale, Router apagado.

– Vale espere, voy a hacer unas comprobaciones, enciéndalo cuando yo le diga.

– Ok.

– Vale enciéndalo ya.

A los 2-3 minutos pueden pasar varias cosas, que el Router funcione adecuadamente, que no funcione y aquí pueden pasar otras dos cosas, que el técnico diga que es un problema del Router y que hay que cambiarlo o que es un problema de la Red, que abrirá una incidencia y a esperar que lo arreglen.

---

[5] Compañías telefónicas coloquialmente hablando

Misterios de la informática (nivel usuario)

Normalmente, si esto pasa, al final te tendrán que mandar o un técnico a tu casa, si es una empresa Low-cost de telefonía, más que nada para evitar el tenerte que cambiar el Router, o si es una de las tres grandes (Movistar, Orange y Vodafone), te mandarán un Router nuevo en un par de días, y posiblemente, si no sabes, un técnico vendrá a tu casa a instalarte el nuevo Router.

En medio de la desesperación en la que te verás inmerso, colgarás el teléfono malhumorado y puedes decidir tres cosas...acordarte de toda la familia del técnico, de la familia del Router, o llamar al informático...y aquí comienza el ciclo de nuevo....

Solución a esta variante: encomendarse al azar y que te toque lo menos malo...

LA IMPRESORA QUE NO IMPRIME

¿Cuál es la principal función que tiene que hacer una impresora y justo no la hace cuando realmente la necesitas? Si, lo habéis adivinado, imprimir.... Pero las impresoras, tienen el mismo problema inverso que tienen los routers. Sí, he dicho el mismo problema inverso, no me he equivocado.

¿Qué quiere decir esto?

Es fácil. El Router está siempre encendido o casi siempre. Rara es la persona que hoy día apaga el Router cada noche antes de dormir, porque, ya sabemos que no tienen botón de apagado, y por eso se rompen, por estar siempre encendidos.

Con las impresoras pasa lo contrario, se rompen al no encenderlas y utilizarlas asiduamente.

Las más comunes son las de tinta, y cada vez más, van apareciendo modelos con tóner o impresoras láser.

Y entonces, ¿Porque se va a romper una impresora, que es un cacharro muy sencillo que sólo tiene que imprimir? Os voy a poner un ejemplo que vais a entender a la primera. De pequeños, ¿Teníais algún bolígrafo BIC cuya tinta, o bien obstruía la boquilla porque se solidificaba o directamente no escribía porque no tenía tinta ya que se evaporaba de no usarlo? Exactamente pasa lo mismo con las impresoras de tinta. Y digo de tinta, no de tóner, porque estas últimas tienen otros problemas que más adelante contaré...

Caso 1: La impresora de tinta no imprime y tengo que entregar un trabajo mañana en el colegio...

– He ido a imprimir un trabajo y mi impresora no funciona. ¡Maldita informática! ¡Te odio!

– Bueno, solo puede ser una cosa, posiblemente se haya quedado sin tinta.

Esta sería la solución más rápida a priori, cambiar los cartuchos y a correr, pero los informáticos podemos presumir de un sexto sentido que nos dice que si algo se ha roto, posiblemente sea lo más difícil de arreglar, y cambiar un cartucho de tinta es muy fácil....

– Voy a cambiar el cartucho, parece que el viejo tiene un poco de tinta aún, pero se debe de haber secado... Bueno, lo cambio y punto.

Aquí pueden pasar dos cosas: que cambiar el cartucho solucione el problema pero hay un pequeño detalle...si el cartucho aún parece que tiene tinta y la impresora no imprime, puedo decir ahora mismo que el problema no es la falta de tinta...

– Que raro, acabo de cambiar el cartucho y no sale nada....creo que se ha roto la impresora....¡Menuda p*****!

La solución a priori en una persona que no le gusta complicarse la vida, una de dos: o se compra una impresora nueva después de claudicar y asumir que tiene que comprarse una impresora nueva porque la necesitará en un futuro de nuevo o, acudir a un tercero a que le impriman las cosas para mañana...

Caso 2: Seguimos necesitando la impresora para mañana, y después de haber pasado por la casuística anterior, antes de decidir tirar la impresora, se nos ilumina la bombilla y decidimos llamar a nuestro poderoso Amigo Informático que todo lo soluciona.

Nuestro amigo llega a casa del afectado y le dice que efectivamente, no es un problema de tinta sino de, cuidado, un nuevo elemento de la ecuación: LOS INYECTORES. Desconocidos por muchos, conocidos por unos pocos, existen en las impresoras desde que se inventaron pues son el mecanismo esencial para que la impresora pueda echar tinta.

Misterios de la informática (nivel usuario)

– Parece ser que los inyectores están atascados y la impresora no imprime por eso[6].

Aquí pueden pasar dos cosas, una buena y otra malísima. La buena sería que, al cambiar los inyectores, la impresora funcionaria de nuevo perfectamente, pero sabemos que el azar es caprichoso, y como he mencionado anteriormente, los inyectores no se van a poder cambiar porque resulta que cuando compraste la impresora, compraste una a la cual los inyectores no se le pueden cambiar. En esta ocasión, estas jodido. Tienes que comprarte una nueva si o si.

Solución: gastarte el dinero en unos inyectores nuevos si sabes que se pueden cambiar. Sino, impresora nueva...ya sabes, ve mirando en Amazon...

Puedes intentar otra variante, no muy conocida que es intentar rellenar los cartuchos con una jeringuilla, pero si no sabes y tampoco deduces que intentar rellenar algo que está atascado no es buena idea, te recomiendo la opción anterior. La obsolescencia programada existe por algo...

---

[6] Recuerda el famoso caso del bolígrafo BIC atascado.

EL FAMOSO PENDRIVE PIERDE-DATOS

Quién no ha guardado algo de vital importancia en un Pendrive y cuando ha ido a echar mano de ello, ¡Pum! ¡Sorpresa! ¿Se ha borrado todo y nos hemos llevado las manos a la cabeza?

Yo el primero. Pero tranquilo, no eres menos humano por cometer este error. De hecho, serías menos humano si solo lo cometieras una vez, porque como se suele decir "En casa del herrero, cuchillo de palo", y es que a mí me ha pasado, que recuerde, 3 veces.

Vengo a ofrecerte la solución a 3 casos diferentes que pueden pasarte, aunque la solución más útil sería decirte que no confíes en ningún Pendrive, en NINGUNO...

Si después de este súper consejo no puedes evitar utilizarlos, aquí te muestro los 3 casos que sé que hay.

Caso 1: Cuando vas a entregar un documento de vital importancia para un trabajo de fin de curso, carrera, trabajo, etc.... y resulta que pinchas el Pendrive en el ordenador y ha desaparecido....

Misterios de la informática (nivel usuario)

Para cualquier caso, como este y sucesivos, has de tener en cuenta un aspecto principal, que es saber cómo funciona un Pendrive. Un pendrive no es más que una Memoria Flash[7] con un conector USB que guarda los datos mediante semiconductores. Proporciona una manera rápida de almacenamiento, barata y ¿Segura?.... Cuando un Pendrive está conectado al PC, si acabas de copiar uno o varios archivos, es posible que cuando tú creas que ha terminado de hacerlo, seguro que no lo ha hecho al 100%. Nunca hay que fiarse ni del tiempo de Windows ni de los porcentajes realizados. Es otro consejo que te doy.

Por eso, para solucionar este pequeño problema que MUY poca gente conoce es extraer el dispositivo de manera segura, y solo Windows te dirá si puedes o no, retirarlo del USB. Si eres un kamikaze digital y decides que tú no tienes por qué hacer caso a una máquina que te dice que no lo extraigas porque tienes mucha prisa en llevarte ese Pendrive, el karma te lo devolverá y no dudará en hacer que tus archivos recién copiados (y algunos otros) se corrompan o desaparezcan...

---

7 Medio de almacenamiento de memoria de computadora electrónico no volátil que se puede borrar y reprogramar eléctricamente.
https://es.wikipedia.org/wiki/Memoria_flash

Avisado estabas...

Solución: Windows a veces se equivoca, pero realmente necesita que le hagas caso a lo que te dice, y si te dice que no quites ese Pendrive aún, no lo hagas, ten paciencia[8].

Caso 2: Volviendo al caso anterior, pero tomando tu versión obediente de otro universo donde has hecho caso a Windows y has quitado el Pendrive cuando te ha dicho que podías hacerlo.

Como he mencionado antes, existe la obsolescencia programada, y con los Pendrives no iba a ser una excepción. ¡Los fabricantes de Pendrives también tienen que dar de comer a sus hijos! O por lo menos los operarios que programan las máquinas para fabricar Pendrives....

Los Pendrives, como memoria que son, tienen ciclos de lectura y escritura, bastante altos normalmente, que el fabricante dice que no se responsabiliza más allá de estos ciclos, es decir, que cuando has escrito 20 millones de veces en un Pendrive, y los ciclos de escritura de tu Pendrive eran de 15 millones, amigo,

---

[8] Leer página 2.

eres un kamikaze digital. Si tus datos siguen existiendo después de esto, echa el Euromillón....

Si con todo y esto decides no gastarte 15€ (más o menos) en un Pendrive nuevo, y que puede tener el doble de capacidad que el tuyo, mejor tecnología de lectura/escritura y un largo etc. de mejoras, has de saber una cosa VITAL. Un pendrive no es nada más que un medio de tránsito para tus datos, no tu sistema de copia o backup, para eso hay otros medios de los cuales hablaré más adelante.... y siempre debes tener tu original por duplicado, mejor por triplicado, en Discos Duros diferentes.

Pero veo que has decidido seguir por el mal camino.... te has dado cuenta que has perdido tus datos, incluso habiendo extraído bien el Pendrive del ordenador y no tenías copia de seguridad.

Y piensas, ¿Existirá alguien que pueda recuperarme los datos borrados? Seguro que si. Voy a llamar a mi informático de confianza que él seguro que puede.

Y le llamas, y viene a tu casa y te dice, depende de lo benevolente que sea, dos opciones literales: Puedo INTENTAR recuperar los datos (gratis por supuesto, ¿cómo vas a cobrar a un amigo?), la opción, un poco menos benevolente que es la de "Te lo voy a intentar recuperar pero esto me va a llevar tiempo, y yo cobro por mi tiempo, solo si te recupero lo que quieres", y luego la opción de "Esto, por el tipo de tecnología que es, yo no puedo hacértelo, tiene que abrirlo un laboratorio profesional de recuperación de datos, y vale una pasta".

La mayoría de la gente decide entonces que sus datos perdidos no eran tan importantes y que no necesita pagar por recuperarlos, y que prefiere realizar el trabajo de nuevo y ahorrarse el dinero. Pero la persona que realmente piensa que es muy importante, el dinero no le importa y no tiene tiempo de volver a hacerlo de cero, decide pagar sus cientos de Euros para que le recuperen los datos. Son este tipo de personas los que tienen claras sus prioridades y los que realmente necesitan hacer uso de estos servicios. Porque siendo sinceros, recuperar datos no es ni fácil ni barato, por eso existen empresas que se dedican a ello, y alguien que es informático para todo, no suele tener un laboratorio de este tipo en su casa.

Solución: Paga o paga. No hay más.

Misterios de la informática (nivel usuario)

Caso 3: Conoces las capacidades de tu Pendrive y sabes que está en las últimas...Muy pocos llegan a estas conclusiones sin saber un poco del asunto de la informática.... pero si eres de esos, mi enhorabuena.

Ahora comienza el estudio de compra preliminar que hay que hacer hoy día para comprar cualquier aparato electrónico. Por suerte para ti, no hay mucho que estudiar a la hora de comprarte un Pendrive. Yo siempre digo lo mismo a toda la gente que me pregunta recomendaciones: ¿Cuánto te quieres gastar? Y la respuesta siguiente suele ser la misma: lo mínimo e indispensable.

Mal. Error. Hay que gastarse lo necesario, sea más o menos, que satisfaga tus necesidades, que sea buena marca, y además, tenga buenas opiniones (verdaderas a ser posible) por parte de los compradores pasados. Porque hay otro refrán que dice "El dinero del avaro, dos veces va al mercado". Imagino que entiendes el significado.

Solución: Si tus necesidades son que necesitas un Pendrive de 16gb, USB 3.0, y de buena marca que te supone gastarte 10-15€ más, gástatelos. Esta cantidad es susceptible a cambios dependiendo de tu posición económica, pero créeme, nadie necesita Pendrives de

100€ en adelante. Y quién se los compra, es porque le sobra el dinero, en mi humilde opinión...

NECESITO COMPRAR UN ORDENADOR NUEVO, ¿QUÉ ME RECOMIENDAS?

Éste es el tema que más me gusta, pero puede causar un poco de controversia porque esto más que un consejo o solución, es experiencia y opiniones personales. No quiere decir que esto sea lo correcto o lo que habría que hacer si o si, pero como he comentado anteriormente, es mi experiencia.

Mucha gente en mi trabajo o en mi entorno familiar me pregunta está famosa frase:

– Estoy buscando un ordenador nuevo, barato porque no me quiero gastar mucho y que sea bueno y me dure mucho tiempo, ¿Que ordenador me recomiendas?

Bueno, primero de todo, no existe ningún ordenador que cumpla las 3 Bs[9]. Yo siempre le digo lo mismo al "cliente": ¿Qué presupuesto tienes y para que lo vas a usar?

---

[9] Bueno, bonito y barato.

Misterios de la informática (nivel usuario)

Yo siempre tengo un precio anual sobre el cual ceñirme para comprar un ordenador "nivel usuario", como mucha gente dice. Este es un ordenador que puedas usar para hacer tus documentos, navegar por Internet, ver fotos, y eventualmente jugar...recalcar lo de eventualmente jugar, como explicaré más adelante.

Esto va a ser una lección simple de economía sobre la inflación[10], para que no tengas que leerte la Wikipedia entera, básicamente la inflación es un aumento sostenible y equilibrado de los precios en un periodo de tiempo. En economía hay muchas cosas interrelacionadas entre sí que afectan a esta inflación y dependiendo de ellas la inflación será mayor o mejor. Aplicado a nuestro día a día, esto implica que, si los sueldos suben, los productos suben de precio por normal general, pero está también está sujeto a la ley de oferta y demanda y sus 3 puntos:

- Cuando, al precio corriente, la demanda excede la oferta, aumenta el precio. Inversamente, cuando la oferta excede la demanda, disminuye el precio.
- Un aumento en el precio, disminuye tarde o temprano la demanda y aumenta la oferta.

---

[10] https://es.wikipedia.org/wiki/Inflación

Inversamente, una disminución en el precio, aumenta tarde o temprano la demanda y disminuye la oferta.

- El precio tiende al nivel en el cual la demanda iguala la oferta.

Para que nos hagamos una idea en la cabeza, un ejemplo:

Cuando hay mucha demanda de tarjetas gráficas por criptomineria, el precio de éstas aumenta considerablemente y la oferta baja porque desaparece el stock rápidamente. Con lo cual se tienen que fabricar muchas tarjetas más para satisfacer la demanda con lo cual, con la falta de stock, los precios comienzan a subir para suavizar la curva de demanda.

Esto pasa en momentos muy puntuales, pero con los ordenadores ésta curva suele ser muy suave y no suele oscilar mucho anualmente, porque la demanda es casi siempre lineal.

Con este chorro de teoría suelto, quiero decir, que los ordenadores suelen subir bastante poco anualmente en relación a los sueldos laborales. Con lo cual, un año mi precio estándar para un usuario estándar puede ser unos 600€ y al año siguiente ser o 650€ o 700€, que, en mi opinión, no es mucha oscilación.

Misterios de la informática (nivel usuario)

Como he mencionado anteriormente, mi opinión es que hay que gastarse lo justo y necesario para cumplir nuestras necesidades e intentar no excederse en estas cosas, porque al final esto es "todo el dinero que tú quieras echar al saco". Es decir, no hay límite de gasto. Por eso muchas veces veo ordenadores sobredimensionados de potencia cuando al final lo único que haces es meterte en Internet y poco más.

Si tienes mucho dinero, gástalo en lo que quieras. Si quieres 600€ en un ordenador, o si quieres 2000€, es tu decisión.

Solución 1: Busca en varias páginas de Internet o tiendas físicas (hay muchísima oferta), ajusta a tu presupuesto y compara lo que te da uno por ese presupuesto y lo que te da otro. Sobre todo, con los componentes. Puedes encontrar por el mismo precio un procesador I5 serie 10 con una tarjeta gráfica muy mala, o puedes encontrar un I5 serie 8-9 con una tarjeta gráfica muy buena. Al final, como ves, todo depende de tus necesidades. Si necesitas solo navegar en Internet, ve a por el Intel I5 serie 10. Con la gráfica que tiene te sobrará. De lo contrario, ¿quieres jugar al ordenador? Ve a por el de mejor gráfica.

Mi precio estándar medio, según he mencionado antes para el año 2022, tal y como están los precios ahora mismo, lo puedo establecer en unos 600-700€.

Solución 2: Una evolución de lo anterior, y si quieres estudiar un poco más, que también es algo que recomiendo siempre: antes de comprarte algo estudia que especificaciones tiene, si las necesitas, qué necesitas, opiniones y ventas, etc...

Una vez que te has versado en el mundo de los procesadores, tarjetas gráficas, monitores y todo ese mundo, puedes hacerte una idea de lo que quieres comprar. Por ejemplo, con los procesadores tienes dos competidores principales (en sobremesa) que son AMD e Intel. Y dependiendo de lo que te quieras gastar pues tendrás uno mejor o peor. A mí me gusta mucho más Intel, pero también es más caro que AMD al mismo nivel de especificaciones, y, por ejemplo, se calientan menos que los AMD. Como ves, incluso variando de marcas de componentes puedes ahorrar más o menos. Esta solución es la que recomiendo yo. Es más tediosa porque tienes que documentarte antes de comprar nada, pero no todo el mundo tiene ganas de hacer esto y va directamente a preguntar a su informático de confianza que ya ha estudiado previamente sobre los 400 millones de componentes, marcas y modelos que existen en el mercado. O eso o va a una tienda física y le pregunta al vendedor de turno qué se compra.

Más tarde hablaré del problema con las marcas, si es necesidad o capricho, ya que eso es harina de otro costal.

MISCELÁNEOS DEL HOGAR, TAMBIÉN LLAMADOS CACHARROS QUE LLEVAN UN ORDENADOR DENTRO.

En esta sección voy a ofrecer pequeñas pinceladas, ni siquiera las voy a llamar soluciones porque no estoy especializado en muchos de los aparatos electrónicos que antes no llevaban un ordenador y hoy día ya si lo llevan, pero voy a hablar de mis experiencias con ellos.

CASO 1: LOS ELECTRODOMÉSTICOS CON ORDENADOR DENTRO O SUCEDÁNEO.

Antiguamente, estoy hablando de hace 10-20 años los electrodomésticos ya llevaban ordenadores. Sí. Pero no igual a los de hoy día. Por ejemplo, una lavadora. Antiguamente te podían durar toda la vida porque estaban fabricadas para eso, para durarte siempre, pero hoy, gracias a la obsolescencia programada, y a la velocidad a la que evoluciona la tecnología, si la lavadora te dura la lavadora 10 años, da gracias. Antes, tu ponías la lavadora y te lavaba la ropa. Ahora puedes conectarla a una app móvil, ver el consumo de luz y agua, programar el inicio, y todo eso. Muy bonito si. Pero ¿Es útil? Para algunos obsesionados con controlar todo lo que hay a su alrededor, puede llegar a serlo. Para otros, con que lave y no explote es más que suficiente.

Esto mismo podemos aplicarlo al lavavajillas, la vitrocerámica, el frigorífico que te dice que te estás quedando sin yogures, etc....

Sé bienvenido a la era de los vagos digitales. Y lo peor es que por mucho que te enfades con la tecnología, tendrás que tragar y comprarte un cacharro de estos, y no tardando mucho, no pienses que va a ser dentro de 30 años como antes, sino, puede ser mañana mismo, porque estos aparatos se rompen y no avisan.

Sin ánimo de quitarme trabajo a mí mismo y a los de mi gremio, conviene que uno mismo vaya familiarizándose con estos problemas que nos trae el futuro, porque la tecnología del mañana está, pues precisamente, eso mismo, mañana en tu casa.

Misterios de la informática (nivel usuario)

Sé que puede no ser muy tranquilizador, pero debes despedirte ya mismo de la idea de "Solo quiero un microondas que me caliente la comida", por ejemplo.

Solución: como diría mi padre, solo te queda pasar por el aro y rendirte al consumismo desmesurado e innecesario.

CASO 2: LAS SMART TVS.

También llamados televisores inteligentes o simplemente televisores.

Desde hace unos 17 años, ya las tenemos más que instauradas en las casas, y son esos cacharros que hace 40-50 años te dejaban solo ver TVE 1 o 2, en los años 90 Antena 3 y demás, luego el TDT, y desde hace unos cuantos años atrás, puedes estar en tu sofá tirado y decirle "Tele, ponme la última película de Star Wars", y sin pestañear la TV te mostrará todas las plataformas de VOD[11] que tienen esa película. Entonces podrás notar como el colesterol corre por tus venas y tu cerebro diciéndote dentro de ti, "Vago, mueve el culo y

---

[11] https://es.wikipedia.org/wiki/Vídeo_bajo_demanda

busca la película tú". Bueno tu cerebro o Alexa, depende de lo que tengas en tu TV.

He de decir que yo, nacido en los 8os, habiendo crecido con los VHS, y con aquellos recuerdos de poder grabar películas en cinta que iban a echar en la televisión pública a una hora determinada para luego al día siguiente o cuando fuera poder ver la película de nuevo, para mí era gloria bendita. Pero tenía un problema, que, si eras como mi hermano, que durante un año estuvo viendo todos los días la película de Mago de Oz, grabada en VHS, tu vídeo reproductor te iba a pedir un reemplazo, y creedme que antes no había tanta oferta como ahora mismo. Era más fácil "estudiar" qué vídeo nuevo comprarte. O esa magia de bajar al videoclub y alquilar una película para "quemarla" (verla hasta la extenuación) durante un fin de semana, y luego devolverla, eso, mucha gente ya no lo conoce. Ahora vivimos en la sociedad del "ya mismo". Los jóvenes están acostumbrándose a todo lo que piden, tenerlo inmediatamente y eso no es bueno. Carecen de paciencia...y ¿Que dije anteriormente de la paciencia?

Ahora tienes Netflix, HBO, Disney, TODO EN GENERAL...tenemos todo y no vemos nada. ¿Quién tiene tiempo para verse todo el catálogo de Netflix? Ni el propio CEO[12] de Netflix.

Y todavía no he hablado de si mi Televisión no es Smart TV, o lleva Android, o lleva WebOs, o Tizen o es de 42" pero quiero que sea de 65", o si lleva Leds con color negro puro, y OLED, o si es Samsung o LG, o Xiaomi. Todas estas complicaciones y muchas más, existen a la hora de comprarse una TV.

Solución: Tu informático de confianza te dirá que hay alternativas para que tu TV pueda ser Smart: los llamados TV Box. Vale, problema solucionado, pero es que quiero que mi TV sea más grande. Amigo, en eso no te puedo ayudar. Solo te queda pasar por el aro, ya sabes. Vete a tu establecimiento o mira por Internet y cómprate el televisor más grande que veas, el más caro o hasta donde te llegue el dinero.

Solución alternativa: si tú problema es más pijo, es decir, quieres que suenen mejor las películas o que se vea mejor la TV, porque 55" pulgadas te parece poco, y necesitas encarecidamente un Cine en tu casa, tu solución es DINERO. Es decir, necesitas un cine en tu casa, y por supuesto, sitio donde ponerlo. Aquí puedes empezar por el maravilloso mundo de los proyectores

---

[12] https://es.wikipedia.org/wiki/Director_ejecutivo

láser inteligentes, las pantallas de cine, y los sistemas Dolby Atmos, barras de sonido, o sistemas de multi altavoces. Prepara tu cartera porque la vas a necesitar...no es barata la cosa. Existe la opción del ruin, pero en este campo, he comprobado que en necesario gastarse dinero para conseguir una experiencia plena y cercana al cine real.

CASO 3: LOS MÓVILES

Aunque voy a dedicar un tema exclusivo para los Móviles más adelante, quiero comenzar abriendo un melón que me gusta mucho siempre y que a la vez causa controversia y mal rollo, y comienza con la pregunta eterna:

¿Y tú, eres de Android o de Apple? Porque de Windows Mobile ya no se lleva ¿no?

Pregunta recurrente que me hacen mucho.

Esto es un tema espinoso que depende de con quién trates, puedes acabar como un científico discutiendo con un terraplanista. Y lo peor es que al final acabarás pensando que la tierra es plana, cuando al principio de la conversación estabas plenamente convencido de lo contrario...

¿Necesitas un móvil con Android o con Apple? Pues depende. A día de hoy, SOLO considero que tener un móvil de Apple es para gente que pueda permitírselo pero que no lo necesita realmente. Podríais decirme que es que un móvil Apple no tiene nada que ver con un Android, que si los componentes son mejores, que si hay alguna app especial y escondida que sólo tienen dos personas en el mundo y que en Android no existe. Mentira. Estáis siendo engañados por la secta del consumismo, más concretamente de la rama de la publicidad. Hemos perdido la noción de para qué sirve un móvil, que es llamar por teléfono, y podrás argumentar que para ver WhatsApp o Facebook o escuchar música, etc...Creedme que si los Apple fueran tan buenos como dicen, Android habría dejado de existir hace años porque todos compraríamos Apple porque no somos tontos ¿no? Y todos queremos lo mejor ¿Verdad? Pues os diré una cosa, si aún no habéis preparado las picas y las antorchas para venir a mi casa a quemarme...

Hay móviles de 1000€ mucho mejores que ciertos Apple. Puedo comprar que Apple te guste más porque está mejor optimizado, vale, o qué tiene muy buena garantía postventa, uhmm, bueno vale. Pero sus componentes son, o los mismos, o inferiores que muchos móviles Android de igual gama. Por eso tenemos Apple, y luego Móviles Android de gama baja, media y superior. Podéis ver documentales de Taiwán, donde se fabrican los componentes, y en la misma línea de fabricación se hacen los componentes, solo que luego al final van a una empresa de Android o de Apple. No es algo que me esté inventando yo. ¿Realmente necesitas un móvil de 1000€ para llamar a tus padres, tu novia o mandar WhatsApp e indagar en las redes sociales?

No. Ya te lo digo yo.

Este libro, gran parte de él ha sido escrito en un móvil de 300€, no llega. ¿Y a qué podéis leerlo en vuestro móvil Android o Apple?

Es como la pelea de comprarse un Mercedes o un Dacia. Sí, lógicamente es mucha comparación, pero ¿Cuánto os vale la misma avería en un coche o en otro?, si veis la diferencia, que no se os rompa el Apple fuera de garantía y tengáis o que cambiar la batería o la pantalla, ya me lo diréis....

SEGUNDA PARTE - LA INFORMÁTICA EN TU TRABAJO

Si eres de los que, como yo, trabajamos en el negocio de la informática, en cualquiera de sus ramas, te habrás encontrado, no cientos ni miles, sino incontables veces con problemas inimaginables causados por fenómenos Poltergeist, la mayoría de las veces, y que no les has encontrado una explicación lógica de su causa, y que además en ciertos momentos, también se han solucionado solos.

Hablando claro, es muy difícil, por no decir imposible, saber cómo trabaja un ordenador desde que recibe una orden, hasta que realiza lo que tu solicitaste. Ni siquiera la persona que diseño el primer ordenador sabe a ciencia cierta como funciona un ordenador. Si bien, todos los informáticos sabemos de manera teórica como funciona, donde van las ordenes, donde se ejecutan, y donde se ofrecen los resultados, todos los procesos que pasan durante dicha operación, son totalmente aleatorios e inesperados hasta cierto punto. Me explico. Imagínate que le pides a tu ordenador que te muestre la página de Google en tu navegador de Chrome. La lógica de la informática nos dice, tal y como funciona una petición web, que se manda la información a un servidor, y que dicho servidor, te devuelve la respuesta. Partiendo de la base de que la respuesta puede variar mucho, lo normal sería recibir lo que estamos pidiendo, en unas condiciones normales. Pero si introducimos más inputs en la operación, ¿Qué pasaría si cuando solicitas ver una página Web, alguien tiene un proxy instalado entre tu ordenador y el servidor? O ¿Qué pasaría si en ese momento se corta la conexión a Internet?, O, ¿Si hay un corte de luz? Como vemos, pueden ocurrir miles de situaciones esperadas o inesperadas, y todas con un resultado impredecible...Si a esto le añadimos, todas las operaciones que hace un sistema operativo por detrás sin que lo veamos, llamando a un proceso, que llama a otro proceso, que a su vez provoca la apertura de otros dos procesos, etc....El informático al final acaba sabiendo nada de nada, y el usuario mortal, nada de nada de nada.... Con lo cual, poderle explicar a una persona que te pide ayuda sobre un problema o una explicación lógica, a menudo es una tarea harto imposible.

Por suerte para nosotros, y con el paso de la experiencia, la solución a muchos de los problemas, la mayoría de las veces es reiniciar el ordenador. Sí. Ésta es la panacea del informático, con las que te habrás topado millones de veces y que posiblemente, dicho informático de tu trabajo te habrá dicho también muchas veces. Por muy obvio que parezca esta solución, la explicación es sencilla. TODOS los dispositivos electrónicos necesitan reiniciarse cada cierto tiempo. Desde una cámara IP, hasta un ordenador de la NASA. ¿La explicación a esto? No la tengo. La experiencia me hace pensar que es porque liberan la memoria residual y procesos que a lo mejor ya no son necesarios, pero siguen ejecutándose de fondo, por algún motivo que desconozco. Ahora sabiendo esto, intenta explicárselo a tu jefe....

LOS PARÁMETROS FANTASMA

Existen una serie de sucesos, aleatorios cuanto menos, que desgraciadamente, existen en el mundo de la informática, tal y como te he contado anteriormente. No pueden explicarse, salvo por la persona que desarrolló aquel sistema o aplicación, y obviamente, para hacerse los importantes, no van a poner en ningún sitio la explicación al respecto. Podrás encontrar pequeñas pinceladas en Internet sobre una hipotética solución, pero normalmente, no suele ser la primera que encuentres o pruebes.

Yo los llamo "Parámetros fantasma". ¿Y por qué los llamo así? Porque son cosas que pasan y no sé por qué. Desde que el mundo es mundo, cuando el ser humano no puede explicar algo mediante la ciencia, siempre se lo atribuye a magia o fenómenos paranormales. Y yo no iba a ser menos humano y he decidido llamarlo así. No es muy habitual que aparezcan, pero es mi deber contarte sobre su existencia. El 70% de las veces, cuando algo pasa en tu ordenador de casa o del trabajo, habrá una causa justificada detrás, fácil o difícil, pero existente. Pero en ese 30% restante, ocurren cosas que no son explicables: desde archivos que dejan de poderse abrir porque se corrompen, ordenadores que una mañana en tu trabajo vas a encender y decide no arrancar, o permisos de carpetas que se cambian, y un largo etc...

Ponte en mi lugar e imagina el clásico ejemplo que te llama tu jefe una mañana a las 7:30 u 8 y te dice:

- Oye Iván, mi ordenador no arranca y ayer funcionaba perfectamente.

Yo pienso, según mi experiencia, que el usuario de un ordenador, a diferencia de un cliente de una tienda, no siempre tiene la razón, pero me gusta otorgarle el beneficio de la duda y pensar que no todo el mundo es

Misterios de la informática (nivel usuario)

un manazas con un ordenador (Luego entenderéis mis deducciones...)

- Mire señor X (X es tu jefe o usuario afectados), creo que el ordenador tiene roto el sistema de arranque de Windows (o Linux o Apple, o lo que sea).

Aunque parezca algo muy obvio que el ordenador no arranque, suele ser por el sistema de arranque, que tenga algún problema, obviamente. Pero me resulta feo decirle a mi jefe, "Pues no tengo ni idea de por qué su ordenador no arranca", entonces prefiero decirle una obviedad para que, en el fondo de su ser, obtenga una calma temporal y un conocimiento del posible problema. Esto es un símil a lo que algunos médicos hacen con sus pacientes. Primero antes de decirte que tienes cáncer, te dicen algo así como "Podría ser cáncer, pero aun no lo sabemos". Esto es primordial hacerlo así siempre, aunque no tengas ni idea de lo que le pasa al ordenador, pero lo que luego averigües y le hagas al ordenador quedará en la intimidad entre tú y la máquina, y nada más.

Si no puedes arreglar el ordenador in situ, mi recomendación es que te lo lleves a tu taller o despacho, te tomes el tiempo necesario, y lo arregles sin prisa ni presión.

Es bastante probable, que, por el famoso miedo del informático, el ordenador cuando esté en tu despacho, funcione y simplemente tengas que devolverlo a tu jefe. Esto es un claro ejemplo de parámetro fantasma.

¿Qué explicación le buscas a esto? ¿Que al ordenador no le apetecía encenderse tan pronto? O ¿Que tu jefe ha pulsado mal el botón de encendido? O, ¿Que la orientación cardinal del ordenador no era la correcta?

Lo que quieras pensar, posiblemente nunca lo encuentres...

Lógicamente, cuando le lleves el ordenador al usuario, tienes dos opciones: reírte con él y decirle la verdad, "he llevado el ordenador a mi mesa y lo he encendido y ha funcionado sin problema" o "sinceramente no tengo ni pajolera idea de lo que ha pasado". Posiblemente el usuario, si no es muy "estúpido" se reirá contigo y te dirá, "vaya, soy tan inútil que no sé ni encender el ordenador".

Tú lo pensarás como una verdad verdadera, y él, en el fondo sabe que es cierto, pero os mirareis y os partiréis de risa...

Misterios de la informática (nivel usuario)

Si te pasa lo contrario y estás tratando con un "ingeniero aeroespacial de ordenadores cuánticos", te dejará caer algo así como "vaya informático que no tiene ni idea de arreglar ordenadores", pero este tipo de personas me causan risa, porque al final sé de sobra que lo dice por puro ego o ignorancia... suelen creerse mejor que el resto de humanos mortales, pero el que nace tonto, se muere tonto. Poco más puedes hacer, salvo armarte de paciencia, como todo buen informático.

EL FACTOR PERSONA

Existen usuarios de ordenadores y "usuarios" de ordenadores. En el caso anterior exponía la existencia del usuario humilde e ignorante frente al ingeniero aeroespacial de ordenadores cuánticos.

Algo que agradezco como informático es tratar con personas que, a pesar de su torpeza con los ordenadores, al menos lo reconocen y se ríen de ello. Para mi tienen mi respeto y mi aplauso.

Puedes hablar con ellos sobre un problema en sus ordenadores, que no saben solucionar o no son capaces, y a lo mejor tu en cinco minutos lo solucionas.

En esta vida, nadie sabe de todo, y el que lo dice y presume de ello, miente como un bellaco. A mí, como a todo el mundo, también me cuesta a veces reconocer que no sé de todo, y eso es una de las cosas bonitas de la vida. El reconocerlo y aprender.

Pero lamentablemente no todo el mundo es igual, y es como el blanco y el negro o el Yin y el Yang. Para que existan personas amables, tiene que existir su contrapunto.

Muchas veces, la mayoría podría decir, la gente hoy día no controla de ordenadores como pueda yo controlar o cualquier otro compañero del gremio. Es entendible. No hemos tenido esa formación, si no ha sido a propósito, y considero que es algo, que, aunque afortunadamente, cada vez más se está intentando solucionar ese problema con cursos de aprendizaje para personas mayores, y las nuevas juventudes, no todo el mundo puede saber de ordenadores. Al igual que no todo el mundo sabe de coches, o de fruta, o de carne, o de electricidad o de fontanería.

Por eso, de las peores cosas que te pueden tocar en esta vida, es tener relación, laboral, porque de amistad sería imposible, con una persona que no tenga ni idea y encima presuma que, si la tiene, y que su palabra es la ley. Y no todo el mundo puede tener el mismo aguante o paciencia que otros, y muchas veces fomentan el mal rollo en el trabajo, y que incluso alguna gente, se lo lleva a casa y lo paga con su familia.

Misterios de la informática (nivel usuario)

Este tipo de personas al final se resume a decirle "hola buenos días, o buenas tardes, que le pasa en su ordenador, por qué no le funciona". Y punto. No merecen más. Una vez que se le solucione el problema, se le pone el ordenador, si te lo has llevado a tu taller u oficina para arreglarlo, y hasta la próxima. Igual no puedes ir con orejeras para no escucharle porque estaría mal visto, pero poco más tienes que hacer. Ni gastar un segundo de tu vida en escucharle más o relacionarte, porque no te llevará a buen puerto...te lo aseguro...

LOS MARRONES ESPONTÁNEOS

Si quieres un consejo, si no te lo he dicho anteriormente, nunca digas que eres informático, salvo que sea tu trabajo, y como yo, no puedas esconderlo.

Como ya sabrás, el término informático no solo comprende "saber TODO de ordenadores". La informática tiene unas cuantas ramas de especialización, desde programación de aplicaciones web, o standalone, redes, sistemas, diseño e infografía, diseño 3d o ciberseguridad, por nombrar unas cuantas. Y la gente, en especial algunos jefes, consideran que como ya eres informático, sabes de todas estas cosas. Y, por ende, como "tienes que saber de todo", eres firme candidato para hacer esto y lo otro. Es lo que llamo yo "Los marrones de aparición espontánea".

Son marrones que aparecen de la nada, debido a un problema o necesidad que ha surgido, obviamente de índole informática, y ¿a quién recurrir que sabe de informática de la oficina? Efectivamente, al informático que, seguro que sabe de ello, y si no se informa.

No. Si yo soy de sistemas, es decir, me encargo de instalar aplicaciones, administrar el servidor, con los permisos de la gente, y esas cosas, señor jefe, no puedo aprender a hacer una aplicación en dos horas para gestionar una red LAN de una oficina, y cuya necesidad ha aparecido hace una hora en una reunión de altos cargos. Para eso hay gente, llamados programadores, encargados de eso.

Por desgracia para nosotros, esto es una mala práctica que está bastante instaurada entre los puestos de trabajo donde solo hay un informático, que suele ser el administrador del sistema y de la red, y por lo menos aquí en España, es bastante común. Y no solo en la empresa privada, donde por suerte, el trabajo del informático suele estar más acotado, sino en la empresa pública, funcionarios y demás, donde el que es informático en alguna delegación pública, o base militar, o comisaría, si o si, al final tiene que acabar sabiendo de todo....

He de decir a favor de esta mala práctica, que, en bastantes casos, cuando este marrón es absorbido aeternum por el informático de turno, al final acaba siendo recompensado como días libres, o un pequeño incremento de algún complemento del sueldo. El problema es cuando son varios marrones los que tienen que ser absorbidos, no se remuneran o premian, y la persona comienza a cansarse de ser el agujero negro (o marrón) de absorber cosas....

En la empresa privada, puedes coger e irte a otra empresa con el consecuente riesgo de que no te vaya bien, e incluso vayas a peor...En la empresa pública, puedes cambiar de destino por poco precio más, estarás unos años, te volverás a acomodar, volverás a absorber marrones, te volverás a cansar, y te irás.... Es una espiral de la que es muy difícil salir.

En este negocio, actualmente hay mucha rotación de personas entre empresas, algo así como cuando cambias de compañía telefónica, o de luz, para obtener mejores ofertas, en este caso, mejores sueldos. Pero a pesar de haber tanta rotación, hay mucha demanda y muy poca oferta, porque el que encuentra un buen sitio, con un buen sueldo, se queda ahí, y es difícil arrancarlo de su puesto si no hay un buen motivo...

¿A QUÉ ME RECOMIENDAS DEDICARME?

Bueno, he de decir que no he trabajado en todos los ámbitos de la informática, pero conozco gente, con y sin experiencia, leído información y blogs, y al final he concluido que no hay una rama buena para trabajar. Todas tienen sus pros y sus contras. Y al final se reduce a una proporción de tiempo libre / sueldo / satisfacción.

Con esto, ¿Qué quiero decir? Básicamente, nada nuevo. Si quieres tener mucho dinero, tendrás que trabajar mucho, es decir poco tiempo libre, y tendrás, depende de lo que te guste tu trabajo, mucha o poca satisfacción. En la vida hay momentos. Momentos que necesitas tiempo libre, momentos que necesitas más dinero y momentos que necesitas satisfacción personal. Cada persona tiene su timing, y tiene que elegir, en que fase de su vida quiere vivir en cada momento. Al final la vida como tal se reduce a acabar tus estudios, comenzar a trabajar, casarte (o no), comprarte una casa y un coche, tener hijos, aguantarlos, jubilarte, y disfrutar lo que te queda de vida. Este suele ser el orden lógico de la sociedad, pero no todo el mundo sigue estos pasos, ni en este orden, obviando lo de jubilarse, que no queda más remedio que hacerse mayor y haber trabajado lo necesario para llegar a ello.

Puede ser que en un momento dado, tengas que comprarte una casa, y no tengas ni un duro, y necesites sacrificar tiempo libre y satisfacción a cambio de dinero (como hemos hecho algunos), pero una vez conseguido ese reto, tienes dos opciones, seguir por la opción del dinero y no tener tiempo de disfrutar de ti, de tu pareja, de tus hijos, de tu familia o sacrificar el dinero por el tiempo libre, y poder hacerlo, y vivir con lo justo y lo necesario. Dicen que el dinero no trae la felicidad. Yo digo que no la trae, pero puede ayudar a conseguirla. Y el que diga que tener mucho dinero no le agrada, miente también.

Después de haberte dado un sermón sobre la vida, te diré la verdad del asunto, tal y como está el mercado en el año 2022-2023.

Las previsiones sobre el negocio digital son muy optimistas para los años venideros. El auge de la robótica, de las aplicaciones web y dispositivos móviles, así como el Big Data, y la ciberseguridad serán claves en los próximos años. Con lo cual la pregunta de "¿A qué recomiendas que me dedique como informático?" se responde sola, con lo que te he dicho.

Si no tienes LinkedIn[13], te recomiendo que lo hagas, y entenderás lo que te digo, y verás la cantidad de trabajo que hay. LinkedIn es una red social, al estilo Facebook, pero con un sentido útil en ese aspecto, que es el de promover tu talento digital y encontrar trabajo de ello. He de reconocer que hace tiempo que la conocía, pero he empezado a usarla en los últimos dos años, y he comprobado que es bastante útil.

Como comenté en el apartado anterior, la programación, más si es la relacionada con la famosa "Nube", tiene una presencia brutal, y en LinkedIn verás que hay muchísima demanda de ello, y además pagan muy bien. Pagan muy bien si demuestras lo que vales, y llevas bastante tiempo dedicándote a ello. Tiene muy buena escalabilidad a nivel sueldo.

De redes y sistemas también tienes muchas cosas donde elegir, pero los sueldos no son tan altos. Aunque no son malos.

---

[13] https://es.wikipedia.org/wiki/LinkedIn

Misterios de la informática (nivel usuario)

Big Data, hay muchísima demanda también, muy buen salario medio, pero he de reconocer que para mi no es tan llamativo como la programación o el 3D.

Ciberseguridad, tienes mucha oferta también, pagan muy bien, tanto o más como en programación, pero hay que saber, y mucho, con cursos previos, certificaciones de Cisco, o Google, o Amazon. Muchas veces se recomienda haber hecho la carrera de Ingeniería de Telecomunicaciones porque tiene bastante que ver...

El 3D, por paradójico que parezca, no tiene mucha presencia en LinkedIn, pero no porque no haya demanda. Sino porque para el 3D, como cualquier otro arte visual, necesitas un portafolio donde enseñar tus trabajos: modelos freelance que hayas hecho, modelos para videojuegos, modelos para arquitectura, etc.... depende de donde lo quieras enfocar. Y las empresas, al 100% siempre te pedirán dicho portafolio, o una web donde poder mirar dicho trabajo para juzgarte y contratarte o no. Como luego explicare mas largo y tendido en la Cuarta parte, en Diseñador de videojuegos, si quieres enfocarte a videojuegos, si es programación, empieza haciendo pequeños juegos para enseñar, aunque sean en 2D. Si es para diseño 3D, busca pequeños proyectos y grupos Indie para crear pequeños videojuegos, y verás como trabajan en la industria. No es un sitio agradable, hay mucha competencia, con bastante estrés y los sueldos, bueno, no están mal, comparando con otras cosas.

Después de esto, y espero haberte arrojado un poco de luz al asunto, es tu turno de decidir en qué fase de la vida quieres estar ahora mismo....

Misterios de la informática (nivel usuario)

TERCERA PARTE – LOS MÓVILES, OTRA VEZ

¿Quién no tiene un móvil en su casa? Si ese es tu caso, eres el rarito de tu barrio. Aunque creo que incluso podrías llegar a ser más rarito si hoy día tienes un móvil sin Internet, sin WhatsApp, sin Facebook, solo SMS y llamadas.

En mi círculo de amigos, solo conozco a una persona que tiene móvil de los antiguos, de los de hace 15 años, y creo que vive menos estresado que todos nosotros, sin estar pendiente de los mensajes, de los Emails, de las notificaciones, de si has dado 8000 pasos, y toda esa parafernalia....

Te voy a contar una historia en la que posiblemente te veas reflejado, y todo se remonta a los años 90, cuando los móviles empezaron a circular por nuestras manos y empezaron a convertirse en un elemento muy importante en nuestras vidas. Si tenías más o menos 10 años como yo, como mucho 15 recordarás una empresa legendaria que empezó a fabricar unos móviles que por aquel entonces decíamos que eran indestructibles: Nokia.

Sus modelos legendarios, los Nokia 3210, 3310, con su mítico juego de la serpiente, y sobre todo su peculiar capacidad de aguantar golpes, caídas y roturas con una sorprendente facilidad, no como los móviles actuales. No necesitabas fundas de plástico de cobertura total o cristales templados para la pantalla como hoy día. Creo recordar que, salvo meterlos en el agua, que era su peor enemigo, podías tirarlo de un quinto y no lo rompías. Al mismo momento estaba empezando a popularizarse Internet en nuestros hogares, con los módems de 56k de sonidos estridentes, o la persona rarita que tenía línea RDSI en casa para poder hablar por teléfono sin tener que cortar internet, y ya el que tenía dinero de verdad y se podía permitir el ADSL.

Los móviles no tenían internet, solo llamadas, SMS, pantalla monocroma, algún juego que otro y los famosos politonos, cuando el móvil ya empezaba a ser bueno. Aparecieron una suerte de anuncios en TV que mandando un sms a un número, podías obtener politonos de programas de TV o de canciones de la época, porque recuerda que todavía no podías meter MP3 en el móvil. Solo eran Midis.

Cuando ya descubrías que, si conectabas el móvil al ordenador, podías mandar esos politonos Midi al móvil y te ahorrabas esos Sms y te acordabas de lo tonto que habías sido por gastarte tanto dinero. Te picabas con los amigos para ver quién batía el récord de la serpiente y poco más necesitabas....

Misterios de la informática (nivel usuario)

Mientras tanto, otras empresas como Motorola, Sony, Samsung, Ericsson o LG, comenzaban a unirse al negocio, y comenzaron a aparecer un número casi infinito de modelos diferentes de móviles. Unos que se doblaban, otros que ya no tenían aquella antena extraíble y otros que empezaban a mostrar los primeros colores en las pantallas.

Cuando el color se popularizó, los juegos de móviles empezaron a pulirse y a hacerse cada vez más elaborados y más complejos...y se unieron a los famosos Sms premium para que, además de poder comprar tonos, también pudieras comprar juegos, porque recuerda que ni Apple Store ni Google Play existían....

Mientras que los móviles eran la versión Lowcost para una persona normal, la gente de negocios empezó a utilizar las famosa PDAs, ordenadores portátiles del tamaño de un móvil con procesadores de texto, agenda, y multitud de aplicaciones varias. Algunas marcas conocidas de PDAs eran HP, Palm, Blackberry y demás.

Progresivamente con el paso de los años, los móviles fueron mejorando, tanto en memoria, Sistema Operativo, características, procesador, etc....

aparecieron móviles con Cámara, y ya en pleno inicio del siglo XXI, en el año 2007 apareció el primer iPhone. Un móvil que aunaba en uno la capacidad de un móvil de llamar, mandar Sms con las bondades de las PDAs, navegación por Internet, cámara de fotos y vídeo, juegos, completamente táctil y con multitud de aplicaciones, lo que provocó que todas las empresas tecnológicas del momento, copiasen el diseño para sus propios dispositivos. Los móviles comunes todavía usaban Symbian, en concreto los móviles Nokia, y era de lo más adelantado de la época.

Pero un año después, en 2008 apareció el primer móvil con Android, el HTC Dream, una empresa hasta ahora desconocida pero que durante los siguientes años fue el motor de esta tecnología en el mercado mundial. HTC era como la Apple de Taiwán, lanzando una cantidad ingente de modelos de smartphones, pero cuando Google compro una parte de la empresa, lo hizo para matar al resto de competidoras. Desde entonces HTC quedó relegada a un segundo plano y solo está enfocada al mercado asiático.

Desde entonces la fiebre por estos dispositivos ha ido en aumento: mejores procesadores de empresas como Qualcomm o Mediatek, aumentos de memoria RAM, cámaras de millones de mega píxeles, pantallas de resoluciones como Televisores, Juegos casi de última generación ejecutándose en un dispositivo que te cabe en la mano, en conclusión, un invento cuya función principal fue la de hacer llamadas desde cualquier sitio, y que pasó a ser un ordenador en miniatura, la mayor parte de las veces, incluso mejor que los ordenadores que tenemos en casa.

Y claro, con la evolución de estos, también llegó la fiebre de las aplicaciones móviles, programas que se instalan en los smartphones que te permiten hacer casi cualquier cosa que puedas imaginar: envejecer fotos, cambiarlas de color, explorar ciudades de manera virtual, Navegadores GPS, escribir libros, jugar, básicamente, cualquier cosa....

Hoy en día, al final todo ha quedado en la guerra de marcas, unas abanderando la marca Android, compitiendo entre ellas a muerte (Samsung, LG, Xiaomi y sus filiales, OPPO) y la todopoderosa Apple y sus dispositivos de 4 cifras. Es una guerra, que como comenté en capítulos anteriores, no tiene previsión de acabar porque al final cada uno es bueno para una cosa diferente y todo depende del consumidor y cuando este se canse de pagar tanto dinero por un dispositivo que inicialmente costaba unos 60€, unas 10.000 pesetas de las antiguas.

Tercera parte – Los Móviles, otra vez

Lo que viene a continuación quizá te parezca más divertido porque sobre lo que voy a hablar posiblemente te veas más reflejado o reflejada en ello. Son las famosas Apps más utilizadas a nivel mundial y que posiblemente, bueno, seguro que conoces de sobra porque las utilizamos todos los días. Son indiferentes del sistema que utilicen, (System Agnostic), es decir valen para Windows, Android o Apple.

FACEBOOK

Todo el mundo conoce Facebook, y punto. Y el que no lo conoce, es porque no es de este planeta o vive en lo profundo de la Amazonía.

Facebook nació en Octubre de 2003 cuando a un jovencísimo Mark Zuckerberg se le ocurre (Aunque realmente no a él, sino a sus compañeros) crear una web para entretener a sus compañeros de Harvard. El sitio se llamaba Facemash y servía para que los estudiantes pudiesen juzgar el atractivo de otros estudiantes y hacer rankings. A los dos días el sitio fue cerrado por utilizar fotos sin permiso, pero en este tiempo ya había alcanzado más de 22.000 visualizaciones de imágenes.

Este éxito llevó a Zuckerberg a crear una nueva red social con sus compañeros Eduardo Saverin, Dustin

Misterios de la informática (nivel usuario)

Moskovitz **y** Chris Hughes el 4 de febrero de 2004. La plataforma se llamaba 'The Facebook' y estaba solo disponible para las personas con una dirección de correo electrónico de Harvard. Constaba un perfil donde los usuarios podían conectarse con otras personas, compartir intereses e incluir información personal como sus horarios de clase y clubes a los que pertenecían.

Al mes de vida, el 50% de los estudiantes de Harvard ya estaban inscritos. En ese tiempo, 'The Facebook' se empieza a habilitar a otras Universidades como Yale, Columbia y Stanford. El interés fue creciendo de forma considerable y hacia finales de 2004 la red social estaba abierta a casi todas las universidades de EEUU y Canadá con alrededor de un millón de usuarios.

En 2005, la red social pierde el 'The' y se queda finalmente con el nombre de Facebook, y ya permite etiquetar a las personas en las fotos. En segundo lugar, se abre a más usuarios y permite a estudiantes de secundaria y universidades de otros países (México, Reino Unido, Irlanda, Australia, Nueva Zelanda, etcétera) acceder a la red social. A final de año, Facebook ya contaba con alrededor de 6 millones de usuarios activos mensuales.

De la misma manera, 2006 también es un año clave en la historia de Facebook, al menos en lo que a diseño se refiere. La red social aún tenía un diseño que recordaba bastante a MySpace, por lo que se hizo un cambio donde la foto de perfil ganaba protagonismo y la fuente era más agradable a la vista. Igualmente, se añade el NewsFeed para que el usuario pueda ver la actividad de sus contactos directamente en el perfil.

Septiembre de 2006 también es una fecha trascendental en la historia de Facebook porque por fin la plataforma se hace global y se abre para todo el mundo – en concreto a aquellos mayores de 13 años con una dirección de correo electrónico.

En el año 2008, Facebook empieza a destacar como una herramienta muy importante para los movimientos políticos. Ejemplos claros fueron las elecciones de 2008 de EEUU donde se crearon más de 1000 grupos en apoyo a los candidatos.

En años posteriores, como todas las grandes tecnológicas y para irse quitando competencia de encima, Facebook ha ido comprando otras empresas, potencialmente enemigas, como Instagram, WhatsApp y Giphy, en ese orden.

Misterios de la informática (nivel usuario)

En años más recientes, Facebook no ha destacado tanto a nivel tecnológico, sino a nivel polémicas, con las famosas Fake News[14], el uso 'alegal' de los datos recopilados de sus usuarios, y más recientemente, en 2021 con su rebranding[15] o cambio de nombre a Meta, para empezar a diseñar el famoso Metaverso del que más adelante hablaré.

Es cierto que Facebook (O Meta) desde que empezó, tuvo un boom en nuestras vidas. Al fin y al cabo era algo novedoso, nos permitía encontrar amigos y compañeros que habíamos perdido del colegio o de nuestra infancia, lo cual para mí fue bastante útil y agradable el poder reencontrarme con gente que hacía años que no veía, podías compartir memes o fotos con otras personas, de ciertas páginas que surgieron dedicadas exclusivamente a bromas, y reírte de ciertas cosas que pasaban en el mundo y poder pasarlo bien, ver grupos de cosas que te interesan, etc....

Pero poco más. En mi humilde opinión, Facebook ha perdido millones de usuarios, ya no solo por los problemas que tuvo con el uso que daban a los datos de las personas que lo usaban. Al fin y al cabo, cuando

---

[14] https://es.wikipedia.org/wiki/Fake_news
[15] https://es.wikipedia.org/wiki/Rebranding

algo es gratuito, el producto eres tú, y lo tienes que pagar de alguna manera.

Esos datos son lo que hacían de Facebook una empresa tan valiosa en la bolsa, pero a la vez tan volátil. Así ha pasado, que, en muy poco tiempo, ha pasado de valer miles de millones, a solo millones de Dólares.

Con la nueva evolución a Meta y su Metaverso[16], esta idea no es nueva. De hecho, el primero que lo inventó fue el videojuego Second Life (En plan bonito, con sus gráficos 3d), pero unos cuantos años antes existía otra red/Metaverso, mucho más sencilla pero seguro que conocerás: Habbo Hotel. Un hotel virtual donde podías hacer amigos y jugar con ellos a cientos de juegos. Lo que antiguamente era un chat convencional, embutido en un hotel y con muñequitos de colores.

Si recientemente has estado leyendo y viendo noticias sobre Facebook, habrás leído 100% seguro, los problemas que está teniendo con el nuevo desarrollo del Metaverso, con sus gráficos de juego de los 90, con las opiniones de sus Diseñadores y desarrolladores, y que al final, no acaba de convencer a la gente de a pie, de que salgan de sus vidas aburridas e interaccionen con gente que conocen o no, con unas gafas de

---

[16] https://es.wikipedia.org/wiki/Metaverso

Misterios de la informática (nivel usuario)

Realidad Virtual, en un universo idílico, donde pueden ser lo que quieran, volar, o tirarse en paracaídas sin riesgo de accidentes, por ejemplo.

Pero al final todos sabemos, que, si este Metaverso va a existir, y no nos va a costar nada, económicamente hablando, ya se encargaran desde Silicon Valley de hacérnoslo pagar de alguna manera....

WHATSAPP

¿Qué decir de WhatsApp que no sepas? Ya he comentado en la parte anterior que fue comprado por Facebook, pero hablemos de su vida anterior...

Según la información que circula por Internet, su origen se remonta a 2009, por una persona llamada Jan Koum. Primero quería crear una aplicación que permitiera enviar notificaciones a sus amigos. Algo así como el clásico "Busca" que pitaba cuando tenías una notificación. Pero al final acabo derivando en una aplicación de mensajería instantánea.

Brian Acton, quien seria el cofundador de la aplicación, fue invitado por Koum a ser su socio y que juntos pusieran en marcha el proyecto, algo a lo que él no estaba muy seguro al principio.

En octubre de 2009, Acton consiguió reunir 250.000 Dólares en fondos iniciales para continuar el desarrollo de la aplicación, y consiguió elevar a ésta al número 1 de aplicaciones de mensajería instantánea del momento. Pero como todo, si no hay dinero, no puedes subsistir, y fue en 2014 cuando Facebook compró WhatsApp por la irrisoria cifra de 19 mil millones de dólares. De hecho, es posible que varios de vosotros recordéis aquel famoso mensaje de los creadores de WhatsApp, que nos pedían 1 euro de precio ¡ANUAL!, para poder mantener la aplicación en funcionamiento. Yo, si mal no recuerdo, llegué a pagar ese Euro, para poco tiempo después, pasar a manos del señor Zuckerberg, y convertirse en aplicación "Gratuita".

Inicialmente WhatsApp solo permitía mensajes de texto, pero ha ido evolucionando, y para bien, a mi parecer, hasta permitir el envío de videos, imágenes, video chats, grupos de mensajería, sin publicidad, compartir ubicación, etc.... Todo esto utilizado de la manera correcta....

Pero sabemos que el ser humano, no siempre obra de manera adecuada, y al final el WhatsApp, a mi modo de ver, se ha convertido en una aplicación que muchos utilizan para controlar a sus contactos, familiares, o amigos directamente. Mucha gente tiene esa necesidad imperiosa de saber cuándo ha leído un mensaje la persona afectada, y si no lo ha leído, bombardearla y preguntarle por qué no lo ha hecho, o por que ha tardado tanto en hacerlo, o porque no se conecta, o porque no ha llamado a su madre o padre cuando ha llegado a un sitio, provocando la intranquilidad máxima en ellas. El famoso problema del doble check azul.

Lo que antiguamente nos pasaba con las llamadas de móvil o con los SMS, ahora se ha trasladado al WhatsApp, con el síndrome o cultura de la inmediatez[17] . Todos queremos que las cosas se hagan ya mismo, porque pensamos que tenemos los medios para ello y cada vez más vivimos con esa sensación, y muchas veces esto provoca un estrés en nuestras vidas, casi siempre innecesario.

Podría calificar en varios grupos, que rápidamente identificaríais con casos de vuestra vida real que estáis hartos de ver, a los tipos de personas que utilizan esta aplicación, de miles de maneras diferentes. Son los siguientes:

- **La persona de los mensajes de voz de 15 minutos:** Igual si haces una llamada de

---

[17] https://es.wikipedia.org/wiki/Cultura_de_la_inmediatez

teléfono convencional, tardas menos en grabarte una serie de mensajes de 15 minutos. En el mundo real, lo llamamos conversación entre dos personas.

- **La persona que no vive hasta que su familiar o amigo no ha llegado a un sitio:** Creedme, esto lo vivo yo todos los días. Quizá yo soy muy desapegado, pero soy padre, y soy hijo, y sé que nuestros padres necesitan descansar de esa intranquilidad de estar pendientes de sus hijos de si hacen una cosa u otra y no avisan, y que los hijos necesitamos esa libertad de poder hacer lo que queramos cuando ya no vivimos en casa de nuestros padres, y no tener que avisarlos si llegas a las 3 de la mañana a casa para que duerman tranquilos. No es sano.

- **La persona que tira el móvil al fondo de la fosa de las Marianas tras una retahíla de mensajes seguidos:** Seguramente os ha pasado que escribís un mensaje a una persona y que no lee dicho mensaje hasta 3 horas después, pero que cuando os contesta os manda 15 mensajes seguidos, e incluso algún mensaje de voz de 5 minutos, y justo en ese momento vas y respondes a los mensajes, pero la otra persona, por el motivo X, ha debido de tirar el móvil al fondo del mar, y no te contesta hasta dentro de otras 3 horas. Esas personas existen.

- **El Ninja del WhatsApp:** Son esas personas que tienen WhatsApp y no quieren que sepan de su disponibilidad, pero si les interesa la de los demás. Por suerte para ti, cuando desactivas el doble Check azul o la ultima hora de conexión, se aplica tanto a ti como a tus contactos, con lo cual ni podrán saber de ti ni tú de ellos.

- **Grupos de basura surtida:** Son esos grupos a los que has sido invitado por algo, inicialmente útil, pero con el paso de los días, semanas o meses, se ha convertido en un grupo de Memes, fotos inútiles, porno, o críticas. Están bien, pero para un rato.

- **Grupos de información de colegios:** Planteados correctamente suelen ser útiles, sobre todo para obtener información del colegio de tus hijos, actividades que tienen que hacer y todo eso, pero el 80% de las veces, estos grupos derivan en el grupo anterior. Debería estar prohibido que algunos colegios utilizasen estos grupos como canal oficial de comunicaciones.

- **Grupos de Familiares:** Inicialmente creados como grupos de contacto entre primos o hermanos o tíos que están lejos entre ellos, al final, se convierten en grupos Basura, de Memes casi siempre, o en grupos control. La evolución de la persona que no vive, pero aplicada a varios familiares a la vez, y que además puede provocar diversas rencillas, sobre todo si hay hermanos en el grupo y que no saben nada del otro, y con lo cual acaban siendo malos hijos por no informar a sus padres. Falcon Crest, pero en digital....

- **Grupos de conveniencia:** Suelen ser grupos de gente que no se conocen, que se juntan para compras colectivas y compartir gastos de envío, o para otras cosas más turbias, como compartir archivos de películas, videojuegos, y otro material de dudosa procedencia. Estos se aplican más a Telegram, la otra poderosa aplicación capaz de hacerle frente a WhatsApp...

- **Los caracoles del WhatsApp:** Este tipo de personas no merece crítica ninguna, porque no todos somos capaces de escribir a ritmo de editor de periódico con el teclado del móvil, pero merecen un bonito comentario sobre su existencia.

Suelen ser personas del tipo Madres, o abuelas, personas mayores en general de la generación anterior a la nuestra que no nacieron con un ordenador o móvil bajo el brazo y tienen que adaptarse a las nuevas tecnologías. Son personas que te escriben hola de manera sorpresiva, y si tienes la suerte de tener el móvil en la mano cuando te están escribiendo, podrás ver que aparece el mensaje de "Escribiendo..." durante 5 largos minutos (Igual exagero, pero podría decir 3 minutos, sin quedarme corto...) para luego decirte "¿Qué tal hijo?

Me hace mucha gracia y me río mucho con esta situación, pero ya quisiera yo verme en esa situación cuando llegue a su edad, y ver cómo me desenvolveré con los robots por casa, y con los coches voladores....

INSTAGRAM

Otra de las grandes de Facebook, pero al igual que WhatsApp, también tiene su historia.

La historia de Instagram es realmente impactante, ya que cuatro años después de su lanzamiento ya se la consideraba como la red social de fotografía más importante del mundo.

Su desarrollo comenzó a manos de su fundador, Kevin Systrom, casual compañero de universidad de Mark Zuckerberg. (Todo cobra sentido al final)

Kevin creó una herramienta para fotografía hecha a la medida de la cámara del iPhone 4. El producto fue lanzado en el Apple Store 6 de octubre de 2010 bautizado como Instagram.

En el 2011 se añadieron los ya famosos "hashtags" para ayudar a los usuarios a encontrar imágenes de una misma temática.

La primera fotografía subida a Instagram fue de la mano de su fundador, con el objetivo de hacer la primera prueba de la App.

En el 2012 salió la versión abierta al público para Android, que consiguió más de un millón de descargas en menos de 24 horas.

Ese mismo año, la compañía fue comprada por Facebook por mil millones de USD (De nuevo el ataque de la cobra Zuckerberg)

Misterios de la informática (nivel usuario)

Ok, muy bien, ya tenemos su historia, pero ¿Para qué vale realmente Instagram? Pregunta difícil pero que varía dependiendo de a quién se la preguntes.

Unos te dirán para ligar, otros para seguir a famosos y ver que hacen en sus aburridas vidas de ricos, otros para dar envidia haciendo pensar que tienen una vida muy guay porque viajan mucho o hacen muchas cosas "cool", el famoso postureo[18], y para otros forma parte de su negocio de marketing y conseguir visibilidad de sus productos, la clásica publicidad de toda la vida.

Vamos por partes.

- **Los que la utilizan para ligar:** Puesto que últimamente, desde los últimos 10 años diría yo, a la gente le gusta aparecer en sus redes sociales, enseñando carne o en bikini, haciendo deporte o viajando a sitios paradisiacos, no serias el primero o la primera qué pensaría, ¿Y si le mando un mensaje a esa persona diciendo lo que pienso de ella o que lo que hace me gusta mucho y que casualmente es muy guapa/o, para ver si suena la flauta y tengo un éxito sexual? Pues si amigo, eso lo ha pensado mucha gente, y este comportamiento al final ha

---

[18] https://es.wikipedia.org/wiki/Postureo

derivado en el famoso "Tirar fichas" que todos hemos hecho alguna vez, antiguamente en las discotecas, en el colegio, los chats, y hoy por Instagram. Y si, también hay gente que liga aquí, y no poca, es más, es una herramienta bastante efectiva...me lo han contado...yo no lo he hecho, un primo de un amigo.

- **Los Stalkers:** Si traduces la palabra Stalker, significa acechador, pero se ha convertido en un neologismo de nuestra sociedad, que ha acabado negando ese significado tan extremo y lo ha suavizado un poco, pero no nos engañemos, al final es lo que es, un acechador. Y un acechador, según lo que dice la RAE es "Persona que acecha" y acechar es "Observar, aguardar cautelosamente con algún propósito". Con lo cual, todo aquel Seguidor de un famoso/a en Instagram, en cierto modo es un Stalker, ya sea para ver como de buena o bueno está dicho famoso, o para ver sus fotos y morir de envidia, o ya, como en casos que ya han pasado lamentablemente, de potenciales asesinos o ladrones buscando víctimas. Y es que, a colación de esto, y a modo de consejo, no pongas en Instagram o Facebook que te vas o que estás de vacaciones, porque a los ladrones le das ligeras pistas de que la casa va a estar vacía en ciertas fechas.

Fuera de este contexto, al final, a los famosos, que no nos engañemos, les gustan ser famosos y que les vean y sigan por las redes sociales, acaban utilizando esta herramienta como marketing para poder ganar dinero, y de alguna manera, empatizar con nosotros los pobres mortales.

- **Los de la falsa vida:** Mucha gente, sobre todo los aspirantes a Influencers[19], intentan presumir a través de Instagram de una vida que la mayor parte de las veces no tienen. Cuelgan en sus redes sociales todo lo que hacen, las veces que van al baño, y cuando se duermen. Pero lo peor a mi parecer es intentar fingir con un estilo de vida que hacen ver, y que realmente no tienen. Son los típicos que dicen que se alimentan bien, hacen mucho deporte, hacen obras de caridad, viajan a sitios espectaculares, y todo ello para aparentar. El llamado postureo que decía anteriormente. Se conocen casos incluso que cuando no tienen donde caerse muertos, se graban o se hacen fotos delante de

---

[19] https://es.wikipedia.org/wiki/Celebridad_de_internet

un croma, y luego en un editor de video cambian el fondo del croma por una foto descargada de Internet de un lugar paradisiaco. No. No hace falta hacer eso, si luego sabemos que no es verdad. Hay que ser auténtico con lo que uno es, y trabajar duro para poder llegar a donde queremos o deseamos. La mayor parte de las veces no llegaremos, pero por lo menos que no digan que no lo intentamos.

- **Los que lo usan de una manera lógica y necesaria:** Hay cierto porcentaje de usuarios, obviando a los famosos, que utiliza Instagram para ganar dinero o anunciarse como negocio o servicio. Esto, toda la vida ha sido el fin de la publicidad, pero puesto que Instagram o Facebook muchas veces ganan en número de visualizaciones a la publicidad convencional de la Televisión, al final muchos negocios deciden anunciarse aquí, normalmente negocios digitales. Y es que al final, los negocios tradicionales como pudiera ser un taller de vehículos o un peluquero, si no domina el uso de las redes sociales, al final no ganas nada anunciándote y dándole un poco de visibilidad al asunto, y optan por métodos de anuncios mas simples y tradicionales, como periódicos locales, carteles, Tv, o Radio.

AMAZON

Otra aplicación que muy posiblemente tengas instalada en tu móvil es la de Amazon.

Como muchas otras tantas, y posiblemente te suene, al igual que Facebook, Amazon nació en un garaje, en 1994, pero no era una tienda que vendía de todo como actualmente. Solo vendían libros. Nació de manos de Jeff Bezos y por su ex esposa Mackenzie Scott, con un capital inicial de 10.000 dólares. Un mes después de su nacimiento, ya vendían en todos los estados del país y en 45 países más.

En 1997, Amazon salió a bolsa y abre un nuevo centro de distribución en New Castle, Delaware.

En 1998 la empresa decide ampliar su oferta y sumar a los libros, CDs y DVDs. La sección de música se lanzó con 125.000 títulos, mucho más de lo que podría albergar una tienda física por aquel entonces. Además, permitía a los compradores escuchar clips de canciones y ver recomendaciones antes de adquirir un álbum.

En años venideros llegaron muchas demandas, entre ellas de la empresa Barnes & Noble, que no aceptaba que Amazon se publicitase como "la mayor librería del mundo". Walmart la siguió por haber robado secretos comerciales, y así otras tantas, que finalmente acabaron en acuerdos extrajudiciales para evitar los largos procesos.

En 2002, Amazon dio el salto a la ropa, y dejó de ser oficialmente una tienda de solo libros en línea. A partir de ahí, llegaron multitud de cosas: Juguetes, electrónica en general, cosas de cocina, e incluso suscripciones a revistas.

En 2007 llegó el Kindle, el lector electrónico de libros por excelencia de la marca, y con él otras inversiones como la compra de Audible, una empresa de audio libros, que actualmente acapara el 40% del mercado mundial.

Y fue en 2011 cuando llegó a España, y consecuentemente empezó a ser nuestra perdición y la de muchos pequeños comercios que hasta ahora se resistían al comercio electrónico. Con esto, Amazon se convirtió en el líder indiscutible de comercio electrónico de España, desbancando al todopoderoso Ebay, que paso a convertirse en una pagina para comprar algo, cuando en Amazon no existe, aunque realmente en Ebay puedes encontrar de todo, estamos más acostumbrados a Amazon, por su facilidad de manejo y, sobre todo, en las diversas formas de pago que tiene actualmente, entre ellas la financiación a plazos, salvo que pagues con Paypal en Ebay, por ejemplo.

Con Amazon, en concreto desde 2015, comenzó a llegar la domótica a nuestras vidas. Con los famosos altavoces inteligentes Echo, y con su inconfundible voz, Alexa, esa asistente virtual que hace las delicias de grandes y pequeños en sus casas. Pero de esto hablaré en el quinto episodio, sobre domótica. Sus bondades e inconvenientes.

Amazon, a mi parecer lo está haciendo muy bien a nivel consumidor, porque con su suscripción de Amazon Prime, aparte de ofrecerte una plataforma de VOD, también te da otras ventajas como envíos gratis en los productos que compres, descuentos ocasionalmente, etc...

Tiene muchos servicios sobre todo relacionados con la computación en la nube, almacenamiento, granjas de renderizado, servicios algo ya más tecnificados y para no todo el mundo, pero puede presumir de ser quizá la primera empresa que ha normalizado la tecnología para toda esa generación de personas que no crecieron con ordenadores, y que están acostumbrándose a este ritmo de vida.

No se puede decir lo mismo de sus trabajadores, más concretamente de los que ganan menos de 50000 € al año, que constantemente están en huelga porque las condiciones laborales no deben ser muy buenas por lo visto. Hablo de transportistas, Mozos de almacén, es decir personas no cualificadas como puede ser un Ingeniero de Software, un director financiero, o un jefe de Área. Al fin y al cabo, los curritos de toda la vida siempre son los más perjudicados.

ALIEXPRESS

Quizá, esta aplicación esté menos instalada en los móviles de las personas, pero es cierto que cada vez más va cobrando más relevancia en nuestras vidas, y cada vez oirás a más gente decir "He comprado X en Aliexpress".

Aliexpress es el quiero y no puedo de Amazon, quieren ser como ellos a nivel mundial, pero de momento no pueden. La realidad es totalmente diferente. Teniendo en cuenta que donde hay mayor población mundial por metro cuadrado es Asia, y Aliexpress viene de allí, es posible que si nos ponemos a contar el número de personas que tienen Amazon o Aliexpress, en una relación numérica, posiblemente Aliexpress arrase sin despeinarse.

Sabemos de sobra que, a los chinos, les gusta bastante copiar las cosas que tienen un éxito arrollador, y Aliexpress nació de esa idea de intentar copiar Amazon o Ebay, aunque digan lo contrario.

Todo comenzó cuando Jack Ma, el creador, en 1999 creó Alibaba, que también os sonará. Alibaba es un mercado mayorista a nivel internacional para que las empresas puedan encontrar materiales no solo de China, sino de todo el mundo. De esa idea, y de copiar otras ya existentes nacieron otras empresas que forman parte del conglomerado y son Taobao, un equivalente al Ebay chino o Wallapop, es decir, venta entre particulares, Etao, un sitio de comparación de precios, y Alipay, el equivalente a Paypal, una plataforma de pago online.

En 2010, nació Aliexpress, una plataforma de comercio minorista a nivel mundial, donde los vendedores pueden ser particulares o empresas. Ha querido destacar frente a Amazon, al intentar vender productos que casualmente se parecen a los originales, rebajando el precio drásticamente, ofreciendo una garantía inferior, pero que a una gran cantidad de clientes (entre ellos yo), les ha bastado en algunas cosas.

Si hace unos años, comprar en Aliexpress era súper barato, debido a la nueva normativa que el 1 de Julio de 2021 apareció con el nombre de IOSS[20], ahora comprar aquí ha dejado de ser rentable en algunos aspectos porque ahora obliga a las empresas extranjeras a cobrar IVA en origen, lo que se ha convertido en un incremento constante de precios, que también se ha trasladado al cobro del transporte, que inicialmente era nulo o irrisorio.

Eso, junto a la leyenda urbana, que cada vez menos, deja de serlo, de "Lo que ves para comprar por Aliexpress, y lo que recibes", ha provocado que Aliexpress haya disminuido sus ventas, en España mayormente, porque hay cosas que han dejado de merecer la pena.

Es lo que tiene comprar copias a China. Que no siempre merece la pena.

TELEGRAM

Telegram para mí fue una sorpresa para bien y os explicare el porqué. Nació, como otras tantas

---

[20] https://en.wikipedia.org/wiki/Import_One-Stop_Shop

aplicaciones, para coger un poco de tajada del mercado, en este caso de WhatsApp, e inicialmente tuvo bastantes contratiempos hasta que se estableció en lo que es hoy día.

Su historia, se puede decir que es una historia de superación de mano de su creador, Pável Dúrov, ruso de nacimiento. Y es que sí, antes de la guerra de Rusia y Ucrania, también la gente se revelaba en Rusia.

Cuando Pável creó la red rusa VK (Facebook ruso al uso) en 2006, con su hermano Nikolái, Vladimir Putin ya había sido presidente de Rusia dos veces, y esta vez, planeaba presentarse de nuevo a las elecciones.

VK fue creciendo masivamente, tanto que llegó a alcanzar los 50 Millones de usuarios y se convirtió en la mayor Red social de Europa (Aunque más del 80 % de usuarios fueran rusos...). A consecuencia de esto, llamó la atención de los líderes políticos rusos, porque a través de esta plataforma se organizaban protestas masivas contra el régimen de Putin. Cuando Putin ganó de nuevo las elecciones en 2012 (casualmente), instó a Pável que eliminase de VK los grupos de oposición al régimen y entregar los datos a la policía federal.

Se negó en rotundo, ya que eliminar la libertad de expresión no correspondía con la política de uso de VK.

Al no existir una plataforma de mensajería segura, y para poderse comunicar con su hermano, Pável desarrollo Telegram, con tecnología cifrada de extremo a extremo, en 2013.

En 2014, tras verse obligados Pavel y Nikolai a vender VK debido al control del gobierno de dicha plataforma, abandonaron Rusia junto con otros desarrolladores, para poder seguir desarrollando Telegram. En años venideros, Telegram llegó a alcanzar los 200 Millones de usuarios, concretamente en 2018, cuando también el gobierno ruso intento censurar 18 millones de IPs asociadas con el servicio.

En 2020, alcanzó los 400 Millones de usuarios al mes, e implementaron las videollamadas, también con cifrado de extremo a extremo, para competir con Zoom.

Pero fue en Enero de 2021, cuando WhatsApp introdujo nuevas políticas de privacidad, obligando a los usuarios a compartir datos con Facebook, cuando Telegram alcanzo su culmen a nivel de usuarios, registrando 25 Millones de usuarios nuevos en menos de 72 horas.

Misterios de la informática (nivel usuario)

Actualmente tiene más de 500 millones de usuarios, y junto a Signal, son consideradas las dos mejores alternativas a WhatsApp.

Si nos referimos al mercado español, es posible que esté instalado en la mayor parte de móviles de los jóvenes. Pero tiene un problema a mi parecer, y es que WhatsApp existe desde unos cuantos años antes, y esta ha calado más profundo en las personas mayores, que ven esta herramienta como algo desconocido, y prefieren seguir utilizando WhatsApp. Telegram tiene otros usos ocultos, que mucha gente conoce, y estoy convencido que al final el que lo usa, es mayoritariamente para eso, porque para mensajería ya tienen otras aplicaciones.

Si nos ponemos a indagar en los famosos canales grupales de Telegram, tenemos desde grupos para compras grupales con ahorros de gastos de envíos, descarga de material ilegal (Películas, series, libros, cosas que me han contado...), bots para domótica (Tranquilos, lo contare en el capítulo de domótica...), canales IPTV, canales de chollos, y claro, como todo está cifrado....ya me entendéis...

Pero quitando la función del cifrado de extremo a extremo, algo a mi parecer bastante importante, para el resto de personas que utilizan WhatsApp día a día, para ellos es irrelevante que puedan leerles los mensajes o hackearles, en general. No tenemos aún esa cultura de la seguridad informática tan metida en nuestras cabezas, y nos importan, más bien poco esas violaciones de la privacidad.

Quizá en unos años, esta concienciación cambie, y permita a Telegram tener el sitio que merece.

Cuarta parte – Los "Wannabe" de la informática

Desde que nacemos, todo lo que está a nuestro alrededor nos influencia, ya sea para bien o para mal, cosas útiles o inútiles, y sin darnos cuenta muchas veces nos llevan por un camino que recorremos sin darnos cuenta hacia ese destino. Esto es lo que hace el famoso marketing. Te convencen de comprar o hacer algo de manera que tú no te enteras pero con unas técnicas muy estudiadas durante años y que como se sabe que funcionan, se aplican, y muchas veces de manera radical. Por ejemplo, no sabías que necesitabas una PlayStation 5 hasta que la probaste en un Media Markt o se la viste a tu amigo. Eso, aunque no lo parezca, es marketing.

Y en el mundo de la informática hay muchísimo, me atrevería a decir que es el campo donde más hay, incluso más que en el mundo de la moda o las artes visuales (TV, películas, etc...)

Y es aquí donde entra en funcionamiento una compleja trama oculta de las empresas tecnológicas para que compres sus productos haciéndote publicidad masiva en medios especializados como blogs tecnológicos, portales sobre videojuegos, televisión, etc...

De hecho, raro es el hogar que hoy día no tiene una consola o un ordenador para jugar a un videojuego que ha visto en la TV o en una tienda.

Desde que llegó la informática a los hogares hacer más de 30 años, informática ya como algo común en la casa, refiriéndome a los primeros ordenadores personales, a las personas que nos hemos dedicado en cuerpo y alma a estas máquinas, como jugadores casuales, técnicos de reparación en prácticas, programadores de supuestos videojuegos y más recientemente, aquellos que queman Youtube viendo Gameplays de Streamers[21], han abierto en nosotros unas ansias de querer llegar a hacer o ser algo relacionado con estos campos. Rara es la persona que le encanta los ordenadores y no ha querido desarrollar un videojuego con el que ganar 500 millones de Euros o de programar el próximo Facebook, o de ser un Gamer profesional o, la estrella de las profesiones antiguas de los primeros informáticos: probador de videojuegos.

A continuación os contaré la verdad de estos trabajos, los cuales, salvo Streamer, el resto los he intentado

---

[21] https://es.wikipedia.org/wiki/Streamer

realizar, sin éxito ninguno, debido a las complicaciones que he ido teniendo a medida que iba viendo lo que se requería para cada uno... En algunos he podido avanzar más que en otros, pero al final siempre hay ciertos muros que son bastante difíciles de escalar, sin dinero, suerte o contactos.

DISEÑADOR DE VIDEOJUEGOS: EL CREADOR DEL GTA X

Piensa en esto: si llevas jugando como yo muchos años a juegos de ordenador, o consola, en algún momento se te ha pasado por la cabeza la disyuntiva de decir:" Está parte del juego yo la hubiera hecho así o asa. Ahora que lo pienso, podría empezar a estudiar cómo diseñar un videojuego..."

Está claro que nunca llueve a gusto de todos y este caso no iba a ser una excepción.

Una vez que has decidido empezar a indagar cómo hacer un videojuego, empiezas a mirar Google, páginas de desarrollo y programación, y más, y más, y más, y más y llegas a la conclusión...:"Esto puedo intentar hacerlo yo parece fácil".

Cuarta parte – Los "Wannabe" de la informática

Y te adentras en el mundo de la programación, un mundo bonito y horrible a la vez y que te hace pensar diferente al resto de los mortales, sobre cómo hacer una calculadora, una base de datos de un videoclub, una tienda online, conceptos como programación estructural u orientada a objetos y mucha terminología técnica sobre el asunto... y entonces cuando ya has aprendido a programar medianamente bien, que pueden ser 6 meses, 1 año o 6, depende de lo espabilado que seas, llegas a otro punto muerto: la interacción de la programación con el mundo 3D...y entonces empiezas a revisar Google de nuevo y chocas con 3D studio Max, con Blender, con Maya y con 20 millones de programas más, unos buenos para ciertas cosas, pero malos para otras, entonces tu cabeza implosiona y decides aprender alguno de ellos. Si has buscado bien, habrás descubierto que los más populares son los 3 primeros que te he dicho porque puedes hacer de todo con ellos...Pero de nuevo tienes otro problema... acabas de descubrir que 3D studio Max y Maya, valen 3000€ al año.

Primer muro: el dinero.

Entonces decides ir a por Blender, que es gratuito. Comienzas a indagar con vídeos sobre como hace la gente una Lara Croft o un Kratos en 3D, y después de otros 6 meses, has conseguido dominar (más o menos) el Blender, y has conseguido hacer un personaje que poco más que se parece a Super Mario hace 30 años. Y además tiene color de cera o arcilla, y quieres pintarlo para que quede bonito. De nuevo otro muro. El mundo del texturizado con sus 20 millones de técnicas... descubres el Photoshop, y su equivalente gratuito, el Gimp. Después de otros 6 meses, empiezas a dominar el arte del texturizado, pero a nivel muy amateur, pero tú te conformas, porque ya empiezas a acordarte que hace dos años y medio que empezaste con la idea de ser diseñador de videojuegos....

Pero eres persistente, y ya sabes que, en este mundo, es muy importante ser paciente y persistente, así que no te rindes, y después de mucho tiempo tienes tu propio personaje modeladito y pintadito, pero claro piensas que quieto está muy bonito, pero te gustaría por lo menos que andase... Nuevo muro, mejor dicho, nuevos muros: El Rigging[22] y la Animación.

Básicamente, el Rigging es ponerle unos huesos a tu personaje, y pegarlo a su piel que al final es una malla de millones de polígonos con trillones de vértices. Una vez que has conseguido algo, después de otros tantos meses, tienes algo decentillo, pero no anda...porque además de que tu personaje tiene muchos vértices, no

---

[22] https://es.wikipedia.org/wiki/Rigging

queda realista al moverse...igual has tenido que hacerle el Rigging a muchos vértices cuando en realidad se lo podías haber hecho a la décima parte. Y entonces descubres la retopología de personajes, con Zbrush para el diseño de mallas de alta resolución y luego adaptar el modelo como si fuera un mapa de relieve a una malla de baja resolución....

Descubres que has trabajado a lo tonto. No te preocupes. Todos pasamos por eso.

Después de este "pequeño" contratiempo, comienzas a animar a tu personaje y haces que ande, pero parece un robot con lumbago...y descubres el maravilloso mundo de las animaciones pre hechas en páginas de Internet o la famosa captura de movimiento que captura animaciones de personas reales para luego aplicar a modelos 3d. Pero no tienes dinero para esta tecnología así que te conformas con lo que la buena gente cuelga en Internet.

Bueno, después de 3 años, casi 4, sin saber nada ya tienes tu primer personaje ¡Bien!

Pero hay un problema, has obviado el aprender cómo diseñar modelado inorgánico, en vez de personajes. Bueno no te preocupes, la buena noticia es que este tipo de modelado es más fácil de aprender una vez sabes lo otro. Aprenderás con el tiempo.

Misterios de la informática (nivel usuario)

Vale, ahora después de estos imprevistos, viene la parte que más me gusta, personalmente: La integración del 3d con el motor gráfico, la auténtica programación de videojuegos. Descubres Unity o Unreal, los dos motores libres y gratuitos de los que puedes hacer uso sin ningún problema, pero tienes que aprender a manejarlos. Otros tantos meses más para dominar, uno u otro. Si para entonces sigues con voluntad férrea para continuar y no te pones a pensar que llevas fácilmente, 5 años para hacer andar a un personaje sobre un plano horizontal, empiezas a aprender a diseñar escenarios, físicas de telas, cadenas, vehículos, iluminación en tiempo real, y luego sobre todo esto, la optimización de los modelos 3d para que el motor haga uso de ellos y no achicharre tu procesador al ejecutar el juego.

Como ves, y ya te he demostrado, hacer un juego como el GTA, para una sola persona es inviable. Necesitarás cientos de compañeros programadores, diseñadores 3d, 2d, animadores, iluminadores, físicos, matemáticos y un buen puñado de miles de millones de Euros.

Ahora entenderás porque cuando te pasas un juego de los últimos 20 años o acabas de ver una película de animación, te tiras viendo los créditos media hora o más....

Solución única: ya has visto y he demostrado que no puedes ser aprendiz de mucho y maestro de nada. Mi consejo es que te especialices en algo de lo que te he contado anteriormente, y te centres en ello, e inviertas tu tiempo y dinero en prepararte en ese campo. Hoy día existen muchas academias y universidades que ofrecen estos tipos de estudios, y puedes encontrar muy caro y caro. Barato no es. He llegado a la conclusión de que, si eres bueno, y estudias en un buen sitio con buenas opiniones, buenos contactos y buenos profesores, podrás llegar a algo, pero solo llegan unos pocos, y obviamente son los buenos. En España, cada vez hay más oportunidades de este tipo, pero no triunfarás tanto como si te vas al extranjero donde hay muchísima más oferta, especialmente en Asia y Norteamérica.

Misterios de la informática (nivel usuario)

EL BETA TESTER: JUGADOR ETERNO DE VIDEOJUEGOS

Siempre has soñado con esto. Poder dedicarte, y encima ganar dinero con ser probador de videojuegos o Beta Tester. Pero no sabes lo que estás pensando realmente.

Para empezar, te voy a dar una lección sobre el ciclo de vida que tiene todo Software cuando lo has desarrollado y así evitarte que tengas que leerte la Wikipedia entera.

Si estás desarrollando o has desarrollado un programa o videojuego, podrás llegar a entender algunas cosas de las que voy a hablar.

Primero de todo, es plantear la idea inicial, es decir, lo que quiero que mi programa / juego haga. Esto a priori parece fácil porque visualizado en tu cabeza parece espectacular. Una vez que tienes ya la idea, solo tienes que plasmarla en un papel y de ahí a tu lenguaje de programación favorito. Voy a hablar primero de una aplicación sencillita, nada de videojuegos ni aplicaciones web.

Un programa, es una sucesión de instrucciones que se le van dando al ordenador para que haga algo que tú quieres que haga. Es decir, una programación. Pero con el tiempo iras viendo que el ordenador, no deja de ser una máquina, y tiene que interpretar todo lo que le dices al pie de la letra, no existe posibilidad de variación de pensamiento. Es o no es, no existe un quizá, o un puede. Con esto claro, cuando ya consigues que tu programa ejecute la orden exacta que tú le has dado, tendrás que ir haciendo secuencias de órdenes, correlativas o paralelas para que al final tu programa haga lo que tú tenías en tu cabeza. Pero voy a recalcar la frase "LO QUE TU TENIAS EN TU CABEZA", porque efectivamente va a hacer eso, pero también va a tener en cuenta todos los errores derivados de ese desarrollo que TÚ no has tenido en cuenta, porque ya te digo de antemano, que es imposible contemplar todas las posibilidades de errores en un desarrollo temprano.

Para que te hagas una idea en la cabeza te pongo un ejemplo. Imagina que estás haciendo una calculadora, pero muy sencilla que hace las cuatro operaciones básicas: suma, resta multiplicación y división. Sabes que los números que se pueden sumar son positivos y negativos, ¿verdad? Pero, y si, por ejemplo, el usuario en vez de meter un número, mete una letra, ¿Qué pasa? Fallo.

Esa posibilidad de fallo, contemplarla es fácil. Vamos con algo más complicado. Imagínate que la operación ahora a realizar es una división. ¿Y si el usuario divide un numero por 0? Pues es indefinido[23]. Pero ¿Cómo le vas a explicar esto al usuario si a lo mejor es un chico de 10 años?

Pues como ves, a mayor complejidad de instrucciones que le des a tu aplicación, mayor será el número de fallos susceptibles que puedan ocurrir.

En cierto modo, una calculadora puede ser probada por una sola persona, su diseñador e incluso si quieres por una segunda que pueda probar pequeñas variaciones que a su creador no se le hayan ocurrido.

Ahora imagínate que estás haciendo una aplicación Web multiusuario, una tienda Online. Hemos aumentado el nivel de complejidad, pero para que veas la comparación rápidamente, también verás cómo aumenta el nivel de complejidad de los errores y el número de ellos.

Estás probando tu nueva tienda, y has llegado a la página de un producto que vas a intentar comprar para probar la lógica de como seria para un usuario normal.

---

[23] https://es.wikipedia.org/wiki/División_por_cero

Solo tienes 40 artículos en stock, pero tú has elegido 45. El programa debería fallar y decirte que solo tienes en stock 40, pero se lo tienes que comunicar al usuario con un mensaje. Una vez que has decidido que no puedes comprar más artículos de los que vendes, pasas a la parte donde hay que poner tus datos de domicilio y envío, pero te has equivocado y has puesto en la parte del Código Postal una letra por error. Tienes que mostrar otro fallo al usuario en un mensaje. Vale, hemos pasado los datos de envío, ahora vamos a los datos bancarios donde eliges la forma de pago: Transferencia, Paypal, Reembolso, Compra normal con tarjeta, etc... Pues en cada uno de estos casos, habrá sus posibles fallos los cuales deberías contemplar, o tú u otras personas.

Como ves, esto solo es la punta del Iceberg, y de una tienda online solo hemos relatado el ejemplo de cómo comprar un producto. Imagínate contemplar la parte donde se registra el usuario, visitar su perfil, mostrar ofertas a los usuarios, carrusel de productos en la página de inicio, etc...Y esto solo sería la parte que ejecuta el servidor, es decir el Backend, pero el Frontend, o parte que ven los usuarios cuando interaccionan con la aplicación, también es susceptible de tener fallos, más de diseño que de lógica, pero fallos, al fin y al cabo. Por ejemplo, cuando se pulsan los botones de Aceptar o Cancelar, colores de alerta que deberían ser rojos en vez de verdes, listados de objetos que no muestran todos los que deberían, etc....

Cuando ya tienes toda la aplicación desarrollada, con todos los fallos que tu consideras contemplados, la aplicación pasaría a la fase Alfa que se mandaría a los testeadores locales, normalmente de la misma empresa, para que prueben la aplicación y descubran fallos que los desarrolladores no descubrieron.

Una vez que todos los fallos que los testers han localizado, lo que ellos consideran la totalidad de los fallos que su cerebro permite, la aplicación será reparada por los programadores y podrán añadir algunas características que inicialmente no estaban contempladas, bien porque son fáciles de hacer o porque son necesarias para arreglar otros fallos.

Una vez que este proceso termina, la aplicación pasaría a fase Beta, que suele ser la primera versión completa de una aplicación. De aquí es donde viene el famoso concepto de "Beta Tester", porque son los usuarios ajenos a la empresa, los verdaderos usuarios que tienen que probar la aplicación, y sacar de nuevo más fallos ocultos. Normalmente, si la aplicación es desarrollada por una gran empresa, serán cientos o miles de personas las que prueben esta aplicación en fase Beta, aumentando de manera exponencial las posibilidades de obtener fallos no detectados.

Es aquí donde tu labor como Beta Tester, se tornará tediosa y repetitiva, porque es posible que para buscar fallos tengas que repetir los mismos pasos una y otra vez para demostrar que la aplicación hace lo que queremos que haga. Como ves, no parece tan divertido como creíamos que era.

Esto puedes aplicárselo a los juegos, que al final también son aplicaciones, pero desarrolladas por cientos de personas, con presupuestos millonarios y con miles, sino millones, de posibles fallos.

Imagínate que estás probando la primera versión Beta de World of Warcraft (Y si es así, si lo hiciste en su momento, considérate una persona muy afortunada) e intentas viajar a los límites del mundo. Si el programador lo contempló, no deberías caerte por una cascada o plano invisible, como si la Tierra fuera plana. Pero si no es así, has encontrado un fallo. ¡Enhorabuena! Ahora solo tienes que comunicarles a los desarrolladores que o hacen que el mundo del juego no sea plano, poniendo un muro invisible o montañas a las que nunca puedas llegar para disimular eso (un truco muy viejo en muchos juegos) o aplicas una lógica a la aplicación que permita hacer que el mundo sea esférico.

Al final, cuando eres Beta tester, la mayor parte de las veces no cobrarás por ello y no jugarás por placer. Solo probarás la aplicación para sacarle fallos. Algo que, en mi opinión, es bastante tedioso, ya que soy programador y sé de lo que hablo.

Ahora, si tu verdadera ilusión es ser Beta tester porque has encontrado un puesto de trabajo donde te pagan por ello, y quieres tener esa magia de poder ver los juegos o aplicaciones antes que el resto de mortales y poder presumir de ello, ve a por tu objetivo. Al final, en la informática hay muchas personas, y también como sabes, hay muchas áreas donde indagar. Hay gente que se dedica a probar cosas, y otros se dedican a resolver Captchas[24]. Y eso sí que es más tedioso todavía....

---

[24] https://es.wikipedia.org/wiki/Captcha

Cuarta parte – Los "Wannabe" de la informática

EL HACKER: VOY A ROBAR DINERO DE UN BANCO
ONLINE

Llevas oyendo el termino Hacker toda la vida, y posiblemente, y debido a la gran cantidad de información (y desinformación) que tenemos, para mal.

Digo esto, porque es común pensar que una persona que es Hacker lo es para delinquir, más o menos como un ladrón digital, que se dedica principalmente a extorsionar a gente con amenazas de videos privados que saldrán a la luz, fotos comprometidas, desvíos de dinero de cuentas bancarias, activismo en la Web, etc.... Y parte de razón no le falta a la gente. Pero solo parte.

Y es que un Hacker, el concepto en sí, no implica que seas una mala persona, por el mero hecho de serlo.

El termino Hacker, per se, significa "Persona apasionada, entusiasta, experto en las nuevas tecnologías, que trata de romper los límites de la misma para crear algo superior". Ya ves que por ningún lado aparece la palabra malo, o delincuente, o ladrón, como muchos piensan.

Misterios de la informática (nivel usuario)

Más adelante, en el capítulo de "Términos que desconoces", hablaré un poco de la historia y orígenes de los Hackers, pero en este apartado la dejaré un poco de lado.

Aquí te hablare de la verdadera ambición que mucha gente ha tenido en querer ser un Hacker, para poder enviarle un virus a un "amigo", o entrar en el ordenador de otra persona para ver qué cosas guarda, y todo esto sin saber todo el trasfondo que hay detrás del concepto....

Como ya he comentado anteriormente, me chifla la informática, de hecho, si tuviera que decidir sobre a qué ámbito me dedicaría, dudaría entre programación o diseño 3d.

Obviamente, si quieres ser Hacker, la respuesta es fácil, programador has de ser....

Un verdadero Hacker debe saber cómo hablar con su criaturita, el ordenador, y para hacerlo, debe saber programar como el Padre Nuestro (Para los no religiosos, como saberse las tablas de multiplicar).

Pero no solo eso. Eso te podía valer antiguamente cuando Internet apenas era un bebé. Hoy día, si quieres ser Hacker sin saber nada de redes, te estás acotando demasiado el campo. Al fin y al cabo, ¿Cómo quieres robar el dinero del banco Santander si no sabes ni como acceder a una web, ni los protocolos de seguridad que se usan, ni la forma en cómo se comunica una Web con el usuario?

OJO: No estoy fomentando la creación de ciberdelincuentes con este libro.

Simplemente te estoy soltando la información cruda, tal y como es. No es algo que yo me haya inventado. Está todo en los libros e Internet. A lo que voy, es que, para poder ser bueno en algo, hay que estudiar mucho antes. Para poder opinar de algo, primero y básico es saber de ello.

Imagínate un ladrón antes de robar una joyería. Necesita saber horarios de apertura, cuando hay menos gente, si hay cámaras, si podrá abrir la caja registradora o la caja fuerte y de qué manera, como podrá huir con el botín, etc....Un hacker, en cierto modo, también debe planear su "delito" de alguna manera.

De igual manera, los "Hackers éticos" o Hackers buenos, han de pensar lo mismo: ¿Cómo va a hacer un Hacker X para entrar en mi sistema?, ¿qué va a intentar robar y como va a huir sin dejar rastro? Es un símil a cuando un ejército intenta atacar a otro y ambos deben adivinar, uno como atacar y el otro como defenderse.

Herramientas para delinquir hay muchas. Herramientas para defenderte hay exactamente las mismas. Obviamente, si vas a decidir ir por el lado oscuro, tendrás que asumir las consecuencias que podrías tener, desde multas, hasta ir a la cárcel. Para muchos, ir a lo fácil es llamativo e interesante y si de verdad te gusta este mundo, mi recomendación, ya no sólo por el gusto de decir "Soy Hacker", es que lo utilices para hacer el bien, porque hoy día el negocio de la Ciberseguridad, es un negocio al alza, pagan muy bien, y está muy demandado. Todos los días veo ofertas demandando gente especializada en Ciberseguridad, con unos cursos determinados, y además no es algo que yo diga, solo hay que ver que cada vez más, los delitos telemáticos aumentan día a día y los métodos son más evolucionados cada vez. Dicen que la Tercera Guerra Mundial será con palos y piedras, pero yo opino que será una guerra cibernética donde el mejor país con los mejores ciber soldados, ganará....

Cuarta parte – Los "Wannabe" de la informática

YO ROBOT O YO CREADOR DE ROBOTS

Todos hemos soñado con ser o poder ver Robots en el futuro desde que vimos Terminator 2. Eso es un hecho. La realidad, no es lo mismo que nuestros sueños, pero se aproxima bastante, de momento.

Lo que realmente no conocemos son los orígenes de los Robots, porque eso, en pocas películas te lo muestran. La robótica es un campo que abarca otros muchos, desde Matemáticas, Informática, Física, Química, Biología a Ingenieras de múltiples tipos. No es algo que una persona sola pueda hacer ya que normalmente son proyectos de empresas o de pequeños equipos orientados exclusivamente a eso, a crear o diseñar robots.

No quiero quitarte de la mente, ni mucho menos, el querer hacer o diseñar un robot, pero no es algo sencillo. Incluso a mí me gustaría algún día, en algún momento libre de mi vida, poder crear un robot, pequeño, aunque sea, pero yo no soy realista y me gusta proponerme grandes retos.

Un robot empieza desde un papel, básicamente. Más allá del diseño, o de la idea de pensar "¿Qué quiero que haga mi Robot?" o "¿Cómo quiero que sea mi Robot?", hay que pensar que el hacer un robot es prácticamente pensar cómo hacer un ser humano desde cero. Con sus músculos, sus huesos, sus funciones motoras, y lo que para mí es mucho más importante, su mente, su inteligencia. Al final como he comentado antes, la robótica comprende muchos campos, y en este caso debes también incluir como disciplina la anatomía. El saber cómo se mueve una persona, que músculos utilizamos para andar, si queremos que el Robot sea humanoide, o saber cómo camina un perro, si nuestro Robot será del estilo de los de Boston Dynamics[25], son muchos conceptos que no todo el mundo sabe. Por eso, un robot, el 90% de las veces, será diseñado por un equipo de especialistas, cada uno en un campo diferente.

Es común asociar el concepto Robot a cosas como la inteligencia artificial (de la que hablaré más adelante), y en parte no es erróneo, ya que, para mí, la parte más importante de un Robot es la inteligencia o la manera de hacer las cosas que tiene. Puede tener mil brazos y doscientas piernas, pero sin saber utilizarlas óptimamente, sin un sentido lógico, no vale para nada.

Desde Ingenieros de robótica que diseñan el Robot de cero, con los sistemas y tecnologías que tendrá, hasta

---

[25] https://www.bostondynamics.com/

físicos, que necesitan aplicar conceptos de dinámica de fluidos, termodinámica, cálculo de tasas de error.

Ahora, no te deprimas, estos son para Robots aplicados a campos muy específicos, que posiblemente tengan fines comerciales, y que luego podremos ver en alguna fábrica, levantando cargas, o realizando tareas repetitivas, cosas que a los humanos no nos gustan.

Por nombrar algunos ejemplos de Robots populares, los ya mencionados "Perros" de Boston Dynamics (Atlas, SpotMini, Spot y Handle), Sophia (de Hanson Robotics), con una IA super evolucionada, se aproxima más al concepto Androide[26] que Robot, Laserfactory (MIT), proyecto que permite la creación de robots, y drones auto imprimibles sin la necesidad de la intervención humana, Pepper (Softbank) el robot asistente, los drones de reparto de Amazon y no podemos olvidarnos de Optimus (Tesla), la última idea descabellada (o no) de Elon Musk, de crear un robot asistente, más barato que un coche, capaz de ayudarnos con las tareas cotidianas, básicamente como un mayordomo, por un precio de unos 20.000 dólares, algo asequible....

---

[26] https://es.wikipedia.org/wiki/Androide

Misterios de la informática (nivel usuario)

También existen proyectos a menor escala, desde los Lego Technics robotizados, a pequeños proyectos de robótica con Arduino, para comenzar a aprender sobre el tema. Hoy día con la cantidad de información que tenemos en Internet, juegos de robótica en comercios, y millones de libros sobre ello, es fácil introducirse en el mundillo. Quién sabe si serás tú el que mañana cree el nuevo T-1000 capaz de destruir el mundo, o el que diseñe el primer robot que pise la superficie de algún planeta no explorado. Sky is the limit como dirían en la NASA.

Eso sí, mi recomendación, como todo en esta vida, es empezar desde cero aprendiendo, y con proyectos viables a corto plazo. No intentes plantearte el crear el Robot de tus sueños desde el principio, porque te aseguro que no será un camino corto ni rápido. En la tecnología, todo es empezar, y, sobre todo, si no lo había dicho antes, la paciencia es la mejor virtud. Paciencia, paciencia y paciencia....

QUINTA PARTE – LA DOMÓTICA

¿Qué es la domótica? Para que no tengas que mirar la Wikipedia de nuevo, son los sistemas capaces de automatizar una vivienda o edificación de cualquier tipo, integrados por redes internas y externas de comunicación, cableadas o inalámbricas. Los servicios proporcionados son: programación y ahorro energético, confort, seguridad, comunicaciones y accesibilidad.

Toda la inteligencia del sistema es gestionada con una arquitectura determinada. O centralizada o distribuida o mixta.

- Centralizada: Un controlador que recibe todas las ordenes de cada dispositivo, y es el encargado de manejar y procesar todas las órdenes para los actuadores.
- Distribuida: Cada actuador o sensor ejecuta las órdenes determinadas sin necesidad de un nodo central. Esto suele ser lo más común entre todos los dispositivos comerciales inalámbricos hoy día.
- Mixta: La mezcla de los dos anteriores. Usada principalmente cuando existen diferentes

protocolos de comunicación entre dispositivos, sea WIFI o Bluetooth o Zigbee....

LA NECESIDAD, O NO

Volviendo a lo importante, ¿necesitamos domótica en nuestras vidas o no? Te diría, depende de lo vago que seas, aunque eso sería darte una respuesta muy superflua, pero la realidad es así....

Ahora, fuera de bromas, la domótica es útil. Muy útil. Yo la tengo implementada en mi casa, y para vigilar la casa cuando no estás, por ejemplo, vale la pena.

También te diré, si tienes un sistema centralizado como es mi caso, te dará más de un quebradero de cabeza el tener que configurar muchos de los dispositivos, pero cuando todo funciona, salvo que lo toques o tengas que cambiar o añadir algún dispositivo nuevo al sistema, no tendrás que tocar nada.

La domótica lleva existiendo desde hace muchos años atrás, lo que pasa que ahora, en los últimos 5-7 años se ha democratizado bastante, sobre todo gracias a los avances en la tecnología de los dispositivos, y más aún en los tipos de conectividad, y, además, las marcas se han puesto las pilas en ese aspecto y hay una guerra brutal entre ellas sobre quien vende más, mejor y más barato. Antiguamente la mayoría de los sistemas eran cableados, de hecho, cuando instalaban la alarma de Securitas en tu casa, por ejemplo, todo iba cableado con cable coaxial o de cobre UTP. Eso era un tipo de sistema domótico, rústico, pero que tú solo controlabas cuando lo activabas y cuando no.

Ahora, y a modo de consejo, no necesitas contratar una empresa de alarmas, si eres manitas y te gustan estas cosas como a mí, con una pequeña de inversión de unos 200 €, tienes un sistema bastante completo, que puedes controlar desde tu móvil, y en cualquier parte del planeta Tierra.

Si solo vas a utilizar el sistema para cuando estás viendo la Tv y quieres apagar la bombilla del salón o cambiarla de color, obviamente, no te lo recomiendo....

EL ECOSISTEMA

Aunque esto no es una clase de ciencias Naturales, te explicare lo que es un ecosistema en Domótica, y se refiere, básicamente a quien quieres que sea tu controlador, de que marca o modelo, y alrededor de ello, todos los dispositivos susceptibles de ser conectados a dicho controlador, y normalmente de la misma marca. Eso es lo que conforma el ecosistema. Y tiene su lógica. Cada marca evitará en la medida de lo posible que los otros dispositivos de otras marcas puedan comunicarse con los suyos propios para solo vender productos de su marca. Un "Monopolio" encubierto, básicamente.

Cuando eres una persona que no le gustan las complicaciones, no como a mí, deberás elegir un ecosistema adecuado para ti, que no te vaya a dar mucha guerra configurándolo y tal, aunque la realidad luego sea todo lo contrario, pero que a priori, sea simple de configurar.

Por norma general, cada marca, en aras de que puedas o quieras compras sus dispositivos, te facilitará todo lo posible para que adquieras su sistema, con lo cual, en ese aspecto, no lo tendrás muy difícil. El problema es el de siempre, y del que hablábamos hace unos capítulos atrás: el presupuesto que tengo, y en función de eso, elegir una marca u otra. Por mi experiencia, he tenido tanto chino como de marca buena, y lógicamente, de marca buena siempre será mejor. Evidentemente, a lo mejor por el mismo precio que te vale una bombilla Philips inteligente, tienes para dos de Xiaomi. Esto ya son cuestión de prioridades.

Si hablamos en calidad de variedad de dispositivos y facilidad de conexión, mis recomendaciones son el ecosistema de Xiaomi, con sus miles de empresas satélite que fabrican 20 millones de dispositivos inteligentes, o el ecosistema Tuya/Smart Life. Actualmente son los dos ecosistemas con mayor variedad de dispositivos, y donde podrás elegir mejor o peor calidad.

Puedo decir que quizá los más caros sean el de Philips, Apple, Alexa (Amazon) y Google, de los cuales Philips, podríamos decir que es el tope gama a nivel bombillas inteligentes. Pero nada más.

Apple, siendo sinceros, tiene una gran cantidad de dispositivos de domótica, de muchas marcas, y su gran asistenta virtual Siri. ¿El problema? Que o tienes todo Apple en casa (Móvil, ordenador, etc...) o no puedes utilizar su App de control de domótica. Con Apple sabes que no vas a fallar, pero también sabes que vas a pagar los dispositivos con creces....

Google, ya lo conocemos, tiene pocos dispositivos propietarios, pero a diferencia de Apple, por ejemplo, ha preferido universalizar el uso de su aplicación Google Home, para hacerla compatible con cientos de dispositivos de cientos de marcas disponibles en el mercado. Es su único punto a favor. Sus dispositivos no son nada del otro mundo, son buenos, pero son caros. A destacar sus altavoces inteligentes y sus dispositivos Nest.

Para mí, el ganador es Alexa. Alexa tiene una buena relación de productos calidad/precio, Aplicación Amazon Alexa universal prácticamente, y sobre todo el asistente, Alexa, bastante mejor que el "Ok, Google" de Google. Por lo menos si quieres y te aburres, puedes mantener una conversación con ella en un momento determinado.

Si nos vamos a Xiaomi o Smart Life, encontrarás, como te he comentado anteriormente, miles de dispositivos compatibles entre sí: sensores de humedad, bombillas inteligentes, sensores de movimiento, cámaras, etc...

Tienes caro, barato y medio. ¿Problema? Sus servidores de la nube son chinos, y bastantes veces se caen o tienen problemas de accesibilidad, con lo cual, en algún momento estarás sin poder acceder a toda la domótica de tu casa hasta que reinstauren el servicio. Si eso no es problema para ti, adelante. Actualmente yo tengo estos dispositivos en mi casa, y funcionan. En general.

Luego ya tienes otros sistemas, no tan populares, pero cada cierto tiempo van ampliando la oferta de sus dispositivos y compatibilidades con terceros: IKEA, Lidl, Tapo, Sonoff, etc....

LA CONECTIVIDAD: ¿QUÉ ELIJO?

Wifi, Bluetooth, Zigbee, Z-Wave, Infrarrojos, Coaxial, UTP, Fibra.... ¡BOOOM! Aquí es cuando tu cabeza explotará.

Antes de elegir como montar nuestro sistema de domótica, convendría realizar un pequeño gran estudio de varias cosas a tener en cuenta: ubicación de cada dispositivo, distancias entre ellos (muy importante), si estarán a la intemperie o no, si necesitan batería o enchufe, como van a ir conectados, si por cable o inalámbrico, etc...

Esto es importante tenerlo en cuenta porque va a condicionar, y mucho los dispositivos que podamos comprar, y muy posiblemente para el ecosistema en que lo vayamos a montar, porque no todos los ecosistemas tienen dispositivos Zigbee, o bluetooth, o cableados. Por ejemplo, de los dos que mencione en el apartado anterior, Xiaomi y Smart Life, son los que más variedad de conectividad tienen, y, sobre todo, los más cómodos de configurar, y algo muy importante hoy día, baratos.

Misterios de la informática (nivel usuario)

Ahora te preguntarás, habiendo decidido que quiero, ¿Cómo los conecto entre sí?

Fácil. Si elegiste dispositivos Wifi, podrás conectarlos directamente a tu Router, eso sí, por eso hablaba anteriormente de las distancias, si pones una cámara en tu patio, y hay 3 o 4 muros de separación con tu Router, vas a necesitar repetidores WIFI de algún tipo. Algo que posiblemente no habías contemplado inicialmente. Yo te recomiendo que te compres uno de buena marca y calidad. No te vas a arrepentir, más que nada para que cuando taladres, conectes y configures tu cámara en el patio, no seas capaz de configurarla porque no tienes apenas cobertura.

Si eliges Zigbee, tienes otros pequeños inconvenientes. Un dispositivo Zigbee necesita un controlador o Hub que permita recibir la señal de todos los nodos o dispositivos y pueda interpretarla. Controlador Zigbee o Router Zigbee. Sin esto, no vas a poder poner ningún dispositivo Zigbee en tu hogar. Bueno, yo no te digo nada, pero te aseguro que no van a funciona. Afortunadamente ya existen algunos Routers Zigbee que, además, son Bluetooth, Wifi e incluso Infrarrojos, con lo cual te ahorras el tener que comprar otro controlador Bluetooth si también vas a añadir dispositivos de este tipo a tu sistema. Y lo bueno que tienen los dispositivos Zigbee, es que la mayoría son repetidores, sobre todo los que van conectados a la corriente, con lo cual pueden servir de amplificadores entre nodos, y si montas bien tu sistema, te evitarás tener que comprar repetidores como en el caso del WIFI. Dispositivos de este tipo suelen ser algunas bombillas, y los sensores de movimiento, de ventanas y puertas o humedad, por citar algunos. Además, suelen llevar una pila interna que hace que te duren unos 3 años con un uso medio, ya que las comunicaciones entre ellos consumen muy poquitos datos, a diferencia del Wifi.

Si decides utilizar Bluetooth, como te he dicho ya, si no tienes un Hub mixto de protocolos de comunicación, necesitaras uno especial de Bluetooth. Lo malo: Bluetooth es un protocolo para menor distancia que Wifi, pero mayor que Zigbee, pero lo bueno es que se pueden conectar varios dispositivos entre sí. No solo uno a uno.

Tienes también Z-Wave, que es como si fuera hermano de Zigbee, con varias salvedades: Distancias más largas de transmisión y protocolo cerrado, lo cual te asegura que todos sus dispositivos funcionarán a la primera. El resto es muy semejante a Zigbee.

Misterios de la informática (nivel usuario)

Tenemos también Radiofrecuencia, de toda la vida, Infrarrojos, de los mandos a distancia, y, por último, y el cada vez menos usado, pero más fiable, la conexión por fibra o coaxial o UTP (Cable de red).

El Sistema

Ahora sí, sabiendo lo que es un ecosistema... ¿Cómo monto el sistema?

Como te comentaba al principio del capítulo, tienes tres formas:

- Centralizado: Solo un ecosistema con un controlador
- Distribuido: Varios dispositivos se comunican entre sí, sin controlador central.
- Mixto: Las dos anteriores mezcladas, y para mí, la mejor.

Te explico. Si quieres tener dispositivos de todas las marcas, y de cualquier ecosistema, hay un truco, pero tiene sus pros y contras. Te pongo los 3 casos.

- Has decidido comprar todo de la marca Xiaomi. Fácil entonces, solo necesitas su controlador o HUB y los dispositivos que sean compatibles con la marca Xiaomi y derivados como Aqara o Mijia. Con sus pros y sus contras. Además, solo tendrás una aplicación, Mi Home, instalada en tu móvil, y podrás controlar todos los dispositivos desde allí. Solo tendrás problemas de conectividad cuando haya alguna caída de sus servidores de la nube, pero en cuanto se reestablecen, se acaba el problema.

- Has decidido solo comprar dispositivos Wifi, para evitarte la necesidad de comprar puentes de varios ecosistemas o marcas. Aquí conectas todo al Router, y a correr. Eso sí, tendrás tu móvil saturado de aplicaciones para controlar cada dispositivo, porque puedes comprar bombillas Wifi Philips, o Yeelight de Xiaomi, o de Ikea, o de Lidl, etc...y además que sepas, que, sin estas aplicaciones, no vas a poder configurar estos dispositivos. Solo tienes dos maneras, y aquí acuden al rescate Google Home y Alexa. Si tus dispositivos Wifi son compatibles con estos dos asistentes, además de su propia aplicación, podrás controlar todo el conglomerado de tus dispositivos desde ellas, una vez estén configurados, eso sí, no tendrás las mismas opciones de configuración que las aplicaciones nativas, como por ejemplo las cámaras, que no podrás visualizarlas desde la app de Alexa, pero algo es algo.

Misterios de la informática (nivel usuario)

- Si has decidido tomar el camino oscuro de la configuración mixta del sistema de domótica como fue mi caso, te doy mi enhorabuena por la decisión, pero también mi pésame. Es un camino largo, tedioso y complicado, pero al final, es satisfactorio.

En este punto, te diría, si no eres informático, o controlas del tema, o no tienes tiempo, no te metas.

Ahora sí, explayándome, en este último punto, te voy a decir lo que necesitas, en dos casos, como casi siempre, el caso barato y el caso caro. En el caso barato, compra un microordenador que pueda mover un servidor Linux, normalmente con una Raspberry 3 en adelante, es más que suficiente, si por supuesto no quieres dejarte mucho dinero, aunque si bien es cierto que hay micro ordenadores, más baratos y más caros que la Raspberry, también mejores y peores, ésta es mejor porque es más popular y a la hora de buscar ayuda sobre como instalar ciertas cosas, siempre encontrarás más tutoriales sobre ello, al igual que imágenes de Sistemas Operativos ya prehechas, que son ponerlas en la tarjeta de memoria y arrancar el sistema y ya está.

Una vez tenemos hecho esto, ahora necesitamos instalar una aplicación que se llama Home Assistant.

Hay unas cuantas otras, pero a mi parecer, ésta es la más completa.

Desde Home Assistant, podremos controlar todos los elementos que conformen nuestra red domótica, sin necesidad de controladores para cada marca ni nada por el estilo. Simplemente necesitamos los Routers para cada protocolo, algo similar a un Router Wifi, pero cambiando el protocolo, ya sea un adaptador Zigbee a USB, Bluetooth, Infrarrojos, o lo que necesites. Aliexpress será tu aliado en estos casos ya que estos dispositivos no pasan de los 10 € de precio normalmente, y solo conectándolos a tu microordenador y configurándolos seguidamente, podrás conectar cualquier aparato de domótica de cualquier marca, y si no es así, dale unos meses, y la gente de Home Assistant lo integrará en el sistema. Actualmente Home Assistant permite el uso de más de 1000 marcas de aparatos domóticos, así que no creo que tengas problemas a la hora de elegir uno que cuadre con lo que necesitas.

Una vez que tienes todo configurado, es hora de que vayas agregando integraciones y dispositivos a tu sistema, poniendo bonita la interfaz gráfica, y es que Home Assistant permite que la personalices hasta el infinito prácticamente. Después, conectas el sistema con Telegram, con un Bot, y ya tienes un programa que te avisa cuando algo pasa en tu casa, sin tener que depender de terceros, como Securitas, y compañía... Ya te he ahorrado unos cuantos Euros al mes....

Haces tus automatizaciones, como tú quieras y a funcionar....

Aunque parezca que tengo un contrato con Home Assistant, no estoy intentando vendértelo, simplemente es lo que he probado, y que, tras unas cuantas peleas para poderlo configurar a mi gusto, al final es lo que mejor me viene.

No te puedo decir sobre los otros sistemas que existen como Domoticz u Openhab, pero en su momento cuando indagué sobre ello, las mejores opiniones las encontré sobre Home Assistant.

La opción cara (No me he olvidado de ella), no difiere mucho de lo que te he comentado, simplemente varía en el microordenador que quieras comprar. En mi caso, yo pasé de la opción Raspberry y me monté una caja pequeña de ordenador con una placa Base MicroATX y un procesador integrado, y varios Discos Duros, porque aparte de ser un servidor de Domótica, tengo un servidor Multimedia. Pero tienes otras opciones con cosas más pequeñas como los Intel

NUCS, o microordenadores bastante mejores que la Raspberry, por poco dinero más. Al final, ten en cuenta que, como todo servidor, tiene que estar 24/7 encendido, y el tema de la refrigeración y el consumo, es algo a tener en cuenta, y una Raspberry, consume poco, pero la refrigeración deja un poco que desear....

LOS CACHARROS Y SUS MILES DE MARCAS

Si necesitas consejo sobre que marcas comprar, no puedo ser 100% efectivo, pero si te puedo comentar sobre lo que yo he comprado, y que a priori te servirá de sobra.

- Hablando sobre Bombillas: Tienes de muchas marcas, pero tienes que distinguir el uso que les vas a dar, sea Interior o Exterior, de gama de blancos solo o RGB, de unos lúmenes determinados, etc..... Tienes bombillas WIFI de Yeelight (Xiaomi), de Ikea, de Lidl, Philips Ambilight, más caras, pero las mejores, y luego tienes bombillas WIFI de marcas chinas múltiples, pero compatibles con el sistema Smart Life, y que además suelen ser compatibles con Alexa y Google Home. Si quieres un consejo y no te quieres dejar mucho dinero, compra estas últimas. Tienes también bombillas Zigbee, también de marcas chinas, que te funcionaran exactamente igual, y es posible que sean un poquito más baratas. No pierdas el tiempo en comprar unos dispositivos que venden para hacer tus bombillas Led inteligentes si no se te da bien la electricidad. Perderás tiempo y dinero, ya que por un poco más tienes una bombilla inteligente. Obviamente, si te sobra el dinero, no hay duda, ve a por Philips.

- Sobre sensores, de todo tipo: Tienes para detectar Monóxido de Carbono, Humo, Inundación, Sonidos, de movimiento, de luminosidad, de apertura de puertas, de humedad para plantas y de un largo etc...

Si no puedes o no quieres tirar un cable que vaya desde el sensor a una toma de luz próxima, mi recomendación es que compres los que vienen con pilas triple A (Las del mando a distancia) o las CR2450, las pilas planas parecidas a las que llevan las Placas Base para que no se pierda la hora, ni los otros parámetros de la BIOS. Son unas pilas un poquito caras, pero merece la pena, porque suelen durar entre 2-3 años en los dispositivos domóticos, depende del uso que tengas de estos, y así te evitas tener que andar tirando cables, si como yo, eres negado con la electricidad y has tenido varias oportunidades de morir electrocutado múltiples veces. Adicional a esto, también te recomiendo o que sean Zigbee, Wifi o Bluetooth, dependiendo de donde los vayas a colocar.

Dicho esto, las marcas que más tienen son aquellas compatibles con el entorno Xiaomi, Smart Life y Sonoff.

Para un uso común, te serán más que suficientes. Además, lo bueno que tienen es que, si te aburres, puedes personalizar algunos sensores, como por ejemplo los de movimiento, para cambiar los tiempos de respuesta, o que duren más tiempo. Esto puede valernos en un momento dado para algo que necesitemos puntualmente. En concreto, y poniendo un ejemplo, los sensores de movimiento de la marca Aqara, de Xiaomi, tienen un tiempo de respuesta bastante elevado entre que detectan movimiento, lo dejan de detectar y lo vuelven a detectar. Unos dos minutos, para ser más exactos. Por supuesto, como te he comentado antes, puedes abrirlos, toquetearlos, con miles de tutoriales de Youtube, y cambiar esos dos minutos a dos segundos, pero el problema es que también reduces el tiempo de vida de la pila de dos años a posiblemente meses. Dicho esto, haya tú....

También recomendarte, que mires antes de comprar dichos sensores si son compatibles con Home Assistant, o con Alexa o con Google, o con lo que quieras, y así te evitarás males posteriores.

- Hablando de cámaras: Aquí, las decisiones a tomar tienen que ser un poco más meditadas. Todas las cámaras hoy día son IP, es decir que van a través de la red interna o Internet. Si bien, también existen cámaras inalámbricas, y con batería, mi recomendación, si puedes, que vayan conectadas a la corriente. Aquí el rendimiento de las baterías frente a la corriente no merece la pena, ya que estamos hablando de duraciones de 1 mes, en el peor de los casos, a 3-6 meses, ya gastándote un buen dinero en la cámara. Puedes encontrarte, en los modelos de gama media y superior, una tecnología que se llama POE, que permite que cuando conectas tu cámara con un cable de Red al Router o al Switch, si estos los permiten, por el mismo cable de red, puedes alimentar, eléctricamente hablando, a la misma cámara sin tener la necesidad de tirar otro cable a una fuente de corriente, ahorrando significativamente el trabajo de instalación. Te encontrarás también con dos tipos de conexión a la corriente, con enchufe normal, de toda la vida, o con conexión USB, tipo cable de cargador de móvil. Has de asegurarte que haya donde vayas a poner la cámara, el cable llega al enchufe, cosa que parece muy obvia, pero conozco a gente que después de poner la cámara, haciendo los taladros previos en la pared, han ido a comprobar si funcionaba, y el cable no llegaba.... Si la opción que escoges es por cable USB, al final un método fácil para asegurarte que llega al enchufe con el adaptador USB, es utilizar un prolongador USB Hembra-Macho como los del ordenador de toda la vida. ¿Fácil no? Si no es este tu caso, o quitas la cámara y la pones más cerca, o te toca cortar el conector del enchufe, empalmar el cable, y volver a conectar todo. Bastante engorroso a mí parecer... En cualquier caso, si cuentas con conectarla a la corriente, para ahorrarte el cable de red, yo me decantaría por una cámara Wifi.

Obviamente, también hay que sopesar si va a ser utilizada en interior o exterior porque no todas las marcas tienen cámaras de los dos tipos. Dependiendo de donde las vayas a instalar, si les va a dar mucho sol o lluvia, o aire, necesitarás estudiar una cosa que se llama Índice de Protección (IP). No confundir con la IP que hablábamos anteriormente. De hecho, es posible, que no solo las cámaras, sino en muchos elementos que están a la intemperie, habrás visto las letras IP56, o IP60, o cosas así. No voy a parar a explicarte en función de que llevan un número u otro. Te pongo un link a Wikipedia para que lo estudies[27].

A modo de resumen, en función de los números que lleven, serán más o menos resistentes a chorros de agua o al polvo. Si quieres otro consejo siempre puedes hacerle una cubierta de chapa inoxidable de aluminio alrededor, como un tejado, y así te aseguras que cuando llueva no se va a mojar...mucho...por si no te fías al 100% de los certificados IP.

Una vez que has decidido donde va, si es Wifi, debes comprobar la cobertura que tiene con tu

---

[27] https://es.wikipedia.org/wiki/Grado_de_protección_IP

Router. No querrás colocar una cámara Wifi que no es capaz de conectarse a Internet, habiendo hecho sus agujeros, y esas cosas, sin tener en cuenta esta cosita pequeñita....

Luego existen otras variables a tener en cuenta, resolución, si tienen visión nocturna de infrarrojos, si llevan sensores de movimiento, para ahorrarte el poner más sensores, almacenamiento en la nube o en tarjeta SD, el Audio, si son bidireccionales, es decir que se puede hablar a y desde la cámara, el ángulo de visión, la aplicación que usan, etc.... Vamos, unas cuantas cosas a tener en cuenta....

Ahora sí. Lo que estabas esperando. Mis recomendaciones...

Las más baratas, relación calidad precio y para INTERIOR, el modelo TP-Link C200, de marca TP-Link o TAPO, como se llama su ecosistema de domótica. Llevan una fuente de alimentación con enchufe, no muy largo, pero suficiente para su uso. Llevan visión nocturna, sensor de movimiento, es 360, tipo Domo, 1080p de resolución, en definitiva, una cámara muy recomendada.

Otras para interior, de la marca Xiaomi, por ejemplo, el modelo Mi Home Security. Muy parecida a la anterior, y con tarjeta SD o las de la marca Yi, marca satélite de Xiaomi.

Si ya quieres algo un poco más de mejor calidad, tienes de las marcas Reolink, Ezviz, Ring, Google Nest, Foscam, Netatmo o Trendcam.

Para cámaras Exteriores, tendrás que gastar un poco más de dinero porque la mayoría vienen con certificados IP66 o 67, y necesitaras una calidad de imagen superior a una de interior, porque las condiciones climáticas adversas, en algunas ocasiones no te permitirán ver correctamente las imágenes...y para no poder ver las imágenes, mejor no tener cámara directamente.

Hablando sobre modelos concretos, tienes de la marca Reolink, muchas en particular, de la marca Garza, Ring Stick Up de Amazon con batería y bidireccional, las IeGeek de 360° con panel solar incorporado (Buena opción, aunque no la he probado), Netatmo, Arlo Pro 4 Spotlight, Foscam, Hikvision, Panasonic, etc....

- Misceláneos: Fuera de estos tres grupos podrás encontrar todo tipo de mecanismos y dispositivos domóticos, de los que por lo menos, merece hacer una reseña sobre su existencia y utilidad.

Desde motores domóticos para persianas y cortinas, programadores WIFI de exterior para riego, sensores de humedad para plantas, Cerraduras inteligentes para puertas de seguridad, motores Wifi o dispositivos que hacen que la puerta del garaje se abra cuando estemos cerca, Termostatos inteligentes, grifos inteligentes, Frigoríficos, Lavadoras, Robots de cocina. En resumen, todo lo que sea susceptible de llevar un chip de un microordenador, y que sea capaz de conectarse a Internet, es lo que comúnmente conocemos como dispositivos IoT [28](Internet of Things), y si no te suena esta palabra, vete acostumbrándote a ella, porque será lo que, pasado mañana, esté a la orden del día en nuestras vidas...

[28] https://es.wikipedia.org/wiki/Internet_de_las_cosas

MATTER: EL SALVADOR

Afortunadamente, y ya en este año, en 2022, y apurando hasta el final del mismo, apareció el posible salvador de la domótica, que como en El Señor de los Anillos, servirá para dominarlos a todos.

A pesar de haberte tragado toda la chapa anteriormente con los ecosistemas, con Alexa, con Google, con Zigbee o Wifi, Matter ha llegado para evitar que tengas que hacer un Máster en domótica para ver qué dispositivo te compras o que marca o si es compatible con Alexa o lo que sea. El único requisito ahora mismo es que dicho dispositivo sea compatible con el nuevo estándar Matter.

Para que te hagas una idea, Matter pretende ser un símil al USB de los ordenadores, en este caso queriendo ser un estándar universal de conexión de dispositivos de domótica. Al igual que Zigbee, es un protocolo de baja energía, y de hecho al ser independiente del Wifi, proporciona una conexión más estable y eficiente entre dispositivos.

Esto ayudará a los consumidores y a los fabricantes a crear dispositivos a discreción y sin tener en cuenta la plataforma final con la que será compatible, siempre que sea compatible con Matter.

La idea de Matter nació inicialmente con el nombre de Project Connected Home Over IP (CHIP) en 2019 y contaba con el apoyo de grandes empresas como Amazon, Google, Apple, Samsung y la Zigbee Alliance. Posteriormente se unieron otras como Ikea, Legrand o Schneider.

Fue en Octubre de 2022 cuando salió al mercado y cuando se anunciaron una centena de dispositivos con soporte para Matter, pero los grandes fabricantes ya anuncian compatibilidad futura y actual para muchos de sus dispositivos.

Matter tiene preliminarmente unas funciones básicas para el funcionamiento, pero se prevé que, en años venideros, se aumenten sus funciones a medida que vayan saliendo al mercado los nuevos dispositivos.

Si todo va bien, en unos años podremos olvidarnos de todo lo anterior que te he contado sobre los problemas de conectividad. Eso sí, la mala noticia para ti, y buena para mí, es que, para llegar a esta conclusión, tendrás que haber leído lo anterior. No está de más saber cómo ha ido evolucionando la domótica desde sus orígenes con los cables coaxiales hasta la actualidad y el futuro próximo de Matter, para poder comprender todo lo que ha tenido que andar el ser humano para darse cuenta de sus errores, o no.

No está de más decir que esto es una mala costumbre y muy frecuente en todo el ámbito de la tecnología, lo de acostumbrarnos a una tecnología durante ciertos años, que se comprueba fehacientemente que funciona, y justo cuando nos hemos acostumbrado a ella, ¡PUM! Y aparece otra nueva dispuesta a volvernos de nuevo la cabeza loca hasta que conseguimos hacerla funcionar de nuevo.

Sexta parte – Términos que has oído, pero desconoces qué son

SEXTA PARTE – TÉRMINOS QUE HAS OÍDO, PERO DESCONOCES QUÉ SON

A continuación, viene una sección de terminología que estarás harto de oír, o a algún familiar friki, a tus hijos, en las noticias, en las comidas familiares o de empresa, en un sinfín de sitios, y afortunadamente, estoy aquí para ayudarte con eso. No te podría hablar de todos los términos que existen a nivel informático porque se me iría el libro a casi 5 tomos de 1000 páginas, aproximadamente, pero si te hablaré de los que creo que son los más importantes hoy día, en algunos casos refiriéndome casi siempre a la seguridad informática. Quizá me deje algunos, o ponga otros no muy importantes, pero por suerte para ti, también existe la Wikipedia, y puedes usarla si yo no soy capaz de convencerte.

LOS VIRUS

Si tienes entre 30 y 40 años, es bastante probable que alguna vez hayas oído el término "virus", algo peligroso y exótico a la vez tal y como se dibujaba en tu cerebro.

Siempre has oído que un virus podría romperte el ordenador, borrarte cosas e incluso algunos atrevidos decían que un virus había borrado un archivo que tenían y que les había desaparecido del escritorio o cualquier otra carpeta, cuando normalmente pasaban dos cosas: o que lo había borrado por error o por un desorden masivo de datos, no sabía dónde había guardado dicho archivo.

La realidad de esto es, que antiguamente, los virus como el "barrotes" que te dibujaba unos barrotes de cárcel en tu pantalla y no te dejaba utilizar el ordenador, lo que querían hacer era, inutilizar tu ordenador, pero como todo, los virus han ido evolucionando para poder causar peores problemas en tu ordenador o incluso robarte datos, al igual que han evolucionado los programas, los videojuegos o la tecnología en general.

Pero empecemos desde cero... ¿Que es un virus realmente y tecnológicamente hablando?

Bueno, ya sabemos que el propósito de un virus e incluso tienen ese nombre por similitud a los virus de la vida real, es causar un daño, reparable o no, como los virus que entran en nuestro cuerpo. Dicho esto, podemos decir, que un virus informático es un programa desarrollado por alguien, normalmente con código malicioso y cuyo propósito es conseguir o destruir algo de un ordenador.

Sexta parte – Términos que has oído, pero desconoces qué son

El primer virus como tal se creó en 1971 por Bob Thomas, de BBN[29] y fue creado como una prueba de seguridad para comprobar si era posible crear un programa capaz de replicarse. De cierta manera, lo fue. Con cada disco duro nuevo infectado, Creeper trataba de eliminarse a sí mismo del equipo anfitrión anterior. Creeper no tenía una intención maliciosa y solo mostraba un mensaje simple: "I'M THE CREEPER. CATCH ME IF YOU CAN!" (Soy Creeper, ¡atrápame si puedes!).

Más tarde apareció el virus Rabbit (o Wabbit), que fue desarrollado en 1974, y sí tenía una intención maliciosa y era capaz de replicarse. Después de infectar un ordenador, realizaba múltiples copias de sí mismo, lo que causaba una reducción considerable en el rendimiento del sistema hasta colapsarlo. La velocidad de replicación fue la característica que determinó el término "virus".

Brain, el primer virus creado para PC, comenzó a infectar disquetes de 5,2" el año 1986. Según el informe de Securelist, este virus se atribuye a los hermanos Basit y Amjad Farooq Alvi, que regentaban una tienda informática en Pakistán. Cansados de que

---

[29] https://es.wikipedia.org/wiki/Bolt,_Beranek_y_Newman

los clientes realizaran copias ilegales de su software, desarrollaron Brain, un programa que reemplazaba el sector de arranque de un disquete por un virus. El virus, el primero de tipo invisible, contenía un mensaje de derechos de autor oculto, pero en realidad no dañaba ningún dato.

Cuando las redes de banda ancha se popularizaron en nuestros hogares, empezaron a aparecer nuevos tipos de virus que se propagaban de nuevas maneras, no solo en CDs y diskettes, sino por mensajes de correo electrónico. El primero en aparecer fue el famoso Loveletter. Como nosotros, los usuarios no sabíamos distinguir de correos fraudulentos o no, este virus triunfo mucho, y en forma de script VBS, se instalaba en nuestro ordenador y reemplazaba archivos por copias de sí mismo y se enviaba a nuestros contactos de correo, con lo cual la infección fue masiva.

Hoy día, las formas de contagio no han cambiado mucho, lo único que estamos más preparados y concienciados sobre su existencia y prevención. Normalmente sabemos distinguir entre correos peligrosos o nocivos, y no solemos instalar cosas de dudosa procedencia. Aunque siempre hay alguien que ignora estas advertencias bien sea por estupidez o ignorancia, al final siempre hay un porcentaje de virus que acaban entrando en nuestro ordenador, y lamentablemente es algo que no podemos evitar. De hecho, es bastante probable que si navegas mucho por internet (móvil o pc), tu antivirus detecte algún tipo de script[30] malicioso en tu ordenador.

He mencionado una palabra nueva, y desconocida hasta el momento, posiblemente: el antivirus.

Al igual que existen los antibióticos o los antiinflamatorios, existen unas herramientas que nos ayudan a combatir los virus. De hecho, se dice que las personas que diseñan virus, normalmente son los que diseñan sus combatientes, porque, ¿No es bastante obvio que alguien que trabaja en una empresa antivirus pueda desarrollar un virus, y a su vez él sepa la solución para inutilizarlo? La verdad es que no hace falta mucho razonamiento porque es algo que cae por su propio peso. Lo más "misterioso" es, incluso que personas anónimas que han desarrollado un virus que causa daños inmensos a un colectivo o empresa en concreto, acaban trabajando para una empresa antivirus al poco tiempo. O eso, o acaban en la cárcel.

Los antivirus, casualmente empezaron a funcionar a la vez que los virus (Obvio), y llegaban a nuestras vidas

---

[30] https://es.wikipedia.org/wiki/Script

progresivamente como antivirus gratuitos o con pago de suscripción. Si hoy día siguen existiendo, es porque siguen siendo necesarios. Pero, ¿Quieres que te diga un secreto? Si eres una persona responsable y coherente, no necesitas ningún antivirus. Las empresas detrás de grandes webs, como Amazon, Google, o Facebook, son los más interesados en que a ti no te entre un virus en el ordenador. Y por varios motivos:

- No quieren perder esa reputación de empresas fiables que se dejan colar virus en sus servidores.
- No necesitan robar información de manera ilícita. Ya eres tú el que les da esa información de manera lícita instalando apps en cuyos Términos legales pone claramente que pueden manejar tus datos a su antojo. Tú se lo permites.
- Tienen tanto dinero que si necesitasen un virus, podrían comprar otra empresa para que hicieran los virus por ellos.

Al final, las únicas maneras de infectarse son, abriendo un correo sospechoso (Spam), con un ejemplo claro del famoso correo de "Su cuenta de Banco Santander ha sido comprometida por otra persona. Por favor pulse aquí para abrir su cuenta y cambiar su contraseña", y claro tú no tienes ninguna cuenta de Banco Santander (solución evidente).

Y luego, la clásica ejecución de un programa fraudulento. Aquí entra en juego la parte lógica de la ecuación. Si tú has solicitado instalar un programa llamado Office, pero resulta que se te intenta instalar un programa que se llama killer.exe, algo no está bien ¿No?

Solución 1: Como ves, en estas dos vías tú puedes ser tu propio antivirus y podrás ahorrarte esos Euros necesarios de suscripción a Norton o Kaspersky, entre muchos otros.

Solución 2: Si realmente necesitas un antivirus y eres usuario de Windows, algo bueno que ha hecho Microsoft últimamente es, a cambio de comprar tu licencia original, por el mismo precio tienes el Windows Defender, un muy buen antivirus que te podrá evitar algún susto inesperado, y que te puedo recomendar.

Solución 3: Si finalmente, y por problemas ajenos a ti (lo que suele ser siempre... XD) un virus ha conseguido penetrar en tu impenetrable fortaleza que es tu ordenador, no te preocupes, no todo está perdido, a veces...

Misterios de la informática (nivel usuario)

Digo a veces, porque depende del tipo de virus que te haya entrado y su oscuro propósito...

Si es un virus famosísimo, te vas a enterar en las noticias o posiblemente ya te hubieras enterado de su existencia, pero, oh mala suerte te ha infectado. Pues que sepas que estás jodido. En el supuesto caso de que puedas encender el ordenador, y en el supuesto caso que puedas navegar por Internet, no merece la pena que intentes buscar herramientas para borrar dicho virus porque no existen. Lamentablemente no eres la persona que ha desarrollado ese virus y no vas a poderlo destruir con nada. Por experiencia propia, 1 de cada 10 veces, encontrarás esa magnífica herramienta, pero habrás perdido horas de tu vida para hacerlo, cuando posiblemente en una hora o así, formateas tu disco duro y solucionado. Esto es el caso más crítico con el que te encontrarás, pero por suerte para ti, y cada vez más a menudo, esto pasa muy pocas veces.

Si estamos hablando de un virus "blandengue", posiblemente tu antivirus pueda eliminarlo, evitándote tener que formatear tu pc. Una cosa que siempre recomiendo a todo el mundo es tener dos discos duros, uno solo con el sistema operativo y otro con todos los datos. De esta manera, si se te infecta el disco duro, lo más probable es que sea el del sistema operativo y

Sexta parte – Términos que has oído, pero desconoces qué son

formateando solo pierdes Windows o el sistema operativo que tengas, y los otros datos se quedan intactos. Si se te infecta el disco de datos, al final con que borres el archivo infectado, si lo localizas rápido, podrás evitar la catástrofe total. Cuando un virus infecta un disco duro con sistema operativo, se va a meter hasta en las entrañas de éste, te va a infectar varios archivos de sistema, de registro, librerías y al final vas a tener que formatear si o si porque tú ordenador posiblemente no arranque o vaya a pedales. Horas ahorradas, créeme...

La única posibilidad, difícil pero posible es que seas infectado por un virus Zero Day[31]. Estos virus son los más peligrosos, pero solo por un pequeño detalle. Día cero significa que han salido tal que hoy y las empresas de antivirus no tienen aún información de cómo combatirlos. Una suerte de COVID19 cuando apareció en nuestras vidas. Hasta que no salga su herramienta de combate ese virus vagará por tu ordenador libremente. También te digo, si en tu ordenador entra un virus de este tipo, que sepas que eres alguien especial para el inventor del virus porque o quiere algo especial de tu ordenador o has sido producto de una infección masiva. Estos virus suelen infectar a grandes

---

[31] https://es.wikipedia.org/wiki/Ataque_de_día_cero

Tecnológicas para probar su seguridad y luego pedir dinero para eliminarlo o para robar información que luego venderá el Hacker a precios desorbitados, o secuestrar ordenadores y pedir dinero para liberarlos, el famoso Ransomware[32].

LOS TROYANOS

Los troyanos son los primos malvados de los virus. En el fondo, son lo mismo, pero se han hecho categoría por si mismos, porque el propósito final de estos es siempre el mismo, a diferencia de los virus normales que al final lo que buscan es obtener algo de manera ilegal o destruir el ordenador hasta la muerte.

Un troyano recibe su nombre del famoso caballo de Troya, que si recuerdas lo que pasó o lo que cuenta la historia es que los Aqueos utilizaron un caballo de madera gigante como ofrenda para el rey de Troya, donde se metieron y cuando el rey acepto dicho regalo y lo introdujo en la ciudad, a la noche los Aqueos salieron de este e invadieron la ciudad.

Si ves el símil, realmente es lo que hace. Se mete en tu ordenador, ya sea con un archivo que ejecutas o una foto que visualizas y al hacerlo, un trocito de programa

---

[32] https://es.wikipedia.org/wiki/Ransomware

se instala como un servidor oculto en tu ordenador y comienza a obtener información y a mandarla a su creador a través de Internet.

El primer troyano, llamado ANIMAL, (aunque existe cierto desacuerdo sobre si se trató de un troyano u otro virus solamente) fue desarrollado por el programador informático John Walker en 1975. En esa época, los "programas de animales", que trataban de adivinar en qué animal estaba pensando el usuario con un juego de 20 preguntas, eran sumamente populares. La versión que creó Walker se hizo muy popular y el envío a sus amigos implicaba la grabación y la transmisión de cintas magnéticas. Para facilitar las cosas, Walker creó PREVADE, que se instalaba junto con ANIMAL. Mientras jugaba al juego, PREVADE examinaba todos los directorios informáticos disponibles para el usuario y realizaba una copia de ANIMAL en cualquier directorio donde no estuviera presente. La intención no era maliciosa, pero ANIMAL y PREVADE reflejan la definición de un troyano, ya que oculto dentro de ANIMAL había otro programa que ejecutaba acciones sin la aprobación del usuario.

Por norma general, y al igual que los virus genéricos, pueden ser borrados por un antivirus común. Pero esto es como lo citado anteriormente, si el troyano no quiere ser borrado o detectado, tú cómo simple usuario mortal no vas a poderlo hacer.

Existen varios síntomas, aparte del típico aviso que te da tu antivirus de que has sido infectado, como una ralentización considerable del ordenador, con un consumo masivo de recursos, un alto flujo de correos "raros" recibidos e incluso que tu puntero del ratón se mueva solo, o ventanas que se abren y se cierran. Vamos, algo tipo Poltergeist, dicho así.

Su propósito siempre es el mismo: robar información, aunque a veces existe otro propósito que es el de "invitar" tu ordenador a las famosas redes Zombis. Una red zombi es una red de ordenadores "secuestrados" que sirven como atacantes contra su voluntad contra un objetivo mucho más importante. De aquí surgen los ataques DDOS(anot), los famosos ataques de denegación de servicio que básicamente es cuando alguien quiere tumbar una página web, (dejarla inutilizada por un tiempo) utiliza todos los ordenadores de la red zombi para mandar peticiones a dicho servidor de esta web y este no es capaz de gestionar todas las peticiones y deja de funcionar... ataques más famosos son a aquellas webs de servicios como Twitter, Facebook o servidores de WhatsApp. Más elaborados todavía son aquellos ataques que van dirigidos contra páginas de servicios como los proveedores Dns que a su vez dan servicio a otras páginas, como por ejemplo los ataques a la página Cloudflare, que da servicio a Facebook, Google, Amazon y demás, por nombrar unas pocas. Cuando esta página cae, todas las demás que dependen de ella, caen simultáneamente...

Como ves, la ciberseguridad es más importante de lo que parece....

Imagínate ataques DDOS contra bancos, o comercios, o páginas estatales. Pueden inutilizar un país en cuestión de minutos...

Misterios de la informática (nivel usuario)

LOS HACKERS

El término hacker no es una palabra muy antigua, pero tampoco muy moderna. De hecho, se tiene constancia de esta palabra desde 1984, cuando Steven Levy público su libro "Hackers: los héroes de la revolución informática".

Originalmente, los hackers surgieron en el MIT estadounidense, y eran un grupo muy pequeño de personas frikis con un gran conocimiento sobre ordenadores y debido a eso, sobresalían sobre el resto de personas que apenas sabían nada sobre informática, con lo cual, eran víctimas fáciles de las bromas de los hackers. Estas bromas se llamaban hacks, cosas tan simples como ejecuciones de programas, aparentemente inofensivos que apagaban los ordenadores sin saber por qué o cosas más simples como teclados desconectados que volvían locos a los novatos. Estas personas que gastaban estas bromas o hacks, eran los "hackers".

Y con esta inocencia comenzó todo. Fue en los años 80 cuando el auge de los hackers estuvo en la cúspide, realizando multitud de ataques, muchas veces como fruto de apuestas o simplemente para obtener alguna clase de beneficio. Pero no todo era maldad. De hecho, fueron los pioneros en el desarrollo del software libre, empeñados en diseñar aplicaciones que hicieran lo mismo que otras de pago, y poderse ahorrar unos billetes.

El concepto de Hacker nació en los años 50, en el MIT (Como casi todo), y nació como un concepto más que fue desvirtuado gracias a Kevin Mitnick y sus constantes devaneos con la ilegalidad, entrando en ordenadores muy seguros de Estados Unidos, a causa de lo cual existe una película llamada "Takedown" estrenada en el año 2000.

Estos miembros o Hackers son los que crearon el concepto de software Libre o Internet (WWW). De aquí derivo la creación de ARPANET, una red transcontinental que permitió crear un espacio de comunicación entre universidades, laboratorios y contratistas de defensa, uniendo a todos los "Hackers" de EEUU y ayudando a generar ideas sobre la informática.

En 1983, Richard M. Stallman, buscaba crear un sistema operativo de tipo UNIX, pero de libre distribución. Sin copyright. Entonces fundo el concepto GNU[33], y sustituyo el concepto copyright por copyleft. Es decir, él intentaba la creación del concepto del "Software Libre" y aplicárselo a toda la cultura hacker.

En 1984, Steven Levy publicó un libro llamado "Hackers: los héroes de la revolución informática" donde se hablaba de los primeros hackers, y, sobre todo, de la ética hacker, de libre acceso a la información y al software. Se relataban 6 principios:

1. El acceso a los computadores debe ser ilimitado y total;
2. Toda información debería ser libre;
3. Es necesario promover la descentralización y desconfiar de las autoridades;
4. Los hackers deberían ser juzgados por su labor y no por cosas como su raza, su edad, o su posición social;
5. Se puede crear arte y belleza en un computador;
6. Las computadoras pueden cambiar tu vida para mejor.

Debido a los medios de comunicación, desde la década de 1980, el término Hacker, se refiere mayormente a

---

[33] https://es.wikipedia.org/wiki/GNU

Sexta parte – Términos que has oído, pero desconoces qué son

los criminales informáticos, pero los verdaderos Hackers se refieren a este tipo de personas como "Crackers", que son los que realmente rompen los sistemas de seguridad informáticos.

Es curioso que cuando oímos la palabra hacker siempre lo relacionamos con algo malvado y oscuro, pero la realidad es otra, la cual mucha gente desconoce. Lo que sí que conoces es lo que hacen los malos: ataques a los bancos para conseguir dinero, secuestros de páginas web de empresas importantes o ataques de denegación de servicio o DDOS[34], por citar algunos.

No se podría precisar cuánto porcentaje de hackers hacen el bien y el mal, pero lo que sí se sabe es que cada vez más, están apareciendo hackers "buenos" o éticos para poder combatir a la otra versión de hackers, los del lado oscuro.

Sabemos que actualmente, la ciberseguridad es un campo muy importante en nuestra sociedad y en nuestro día a día, desde cosas tan sencillas como poder sacar dinero del cajero y no ser espiado por otra persona y que te copie la tarjeta y te desplume, o

---

34
https://es.wikipedia.org/wiki/Ataque_de_denegación_de_servicio

instalar una aplicación llamada Facebook y que no sea otra aplicación idéntica a la original pero que por detrás te instala un virus. Por eso, al igual que en Star Wars existen Jedis para combatir a los Sith, aquí, en la realidad, son las propias empresas tecnológicas las que contratan a personas para que vigilen sus comunicaciones y contrarresten los ataques de otros hackers, poniendo a prueba, mediante ataques simulados, las propias defensas de la empresa. Algo así como los defensores de un castillo atacando con catapultas sus propias murallas para ver qué parte de estas son las que rompen antes. Así surgen estos hackers éticos.

Parece mentira, pero tienen tanta importancia que pueden evitar que una empresa se hunda en la miseria solo por el mero hecho de que su seguridad se vulnere y se ponga en entredicho la reputación de la misma empresa.

Piénsalo. Si Google fuera hackeado todos los días, al final no usarías sus servicios, su reputación disminuiría mucho y por consecuencia sus acciones de la bolsa descenderán mucho y al final se irán a donde ya sabemos. De hecho, muchas de las compañías tecnológicas que nos ofrecen sus servicios gratuitos tienen un valor volátil en función de la información que manejan de sus usuarios, que al final es su mayor activo. Ese es su verdadero valor. Sin la información de terceros no valen nada.

EL SPAM

Si tienes correo electrónico, tienes Spam. Eso es una verdad tan verdadera como que el Sol sale todas las mañanas y se pone al atardecer.

Podrás tener más o menos, pero por lo menos un correo de spam al día tienes.

Pero, ¿Que es el Spam?

Nos tenemos que remontar a 1978, a los orígenes de Internet, ARPANET[35]. El 3 de mayo de aquel año, cerca de 400 usuarios de correo electrónico de esta red —de un total de unos 2.600 - recibieron un mensaje anunciando la presentación de unos nuevos modelos de ordenadores. El autor de aquella primera publicidad electrónica masiva fue Gary Thuerk, que por entonces trabajaba para la compañía Digital Equipment Corporation. Él mismo se considera el padre del Spam. Este término se empezó a asociar con el llamado correo Basura, que tuvo su origen en una marca de carne llamada Spam, y a raíz de bromas recurrentes, se

---

[35] https://es.wikipedia.org/wiki/ARPANET

adoptó ese término. Inicialmente y actualmente, su uso es y era para publicidad

Ya en 2008, el spam era el 85% de todo el correo enviado por internet, e incluso personas como un famoso spammer Ronnie Scelson, mandaba 4.000 millones de correo spam cada mes argumentando que como mandar correo es gratis, si solo de 3 a 5 personas responden a sus correos cada día, seguiría ganando mucho dinero aún.

Al final, muchas veces el Spam es eso, correo Basura. Y el 90% de las veces es, o correo Phishing (Se hablará de ello más adelante) o publicidad basura sin intenciones ocultas.

Pocas veces te valdrá para algo, y la mayor parte del tiempo residirá en tu carpeta de correo no deseado.

Puede pasar, y de hecho a todo el mundo le pasa, que eventualmente en un momento de tu vida ves algo útil o de interés para ti, y decidiste suscribirte a una lista de correo para obtener información sobre eso y empezaste a recibir correo cada x días. Con el tiempo, empezó a importarte poco o nada y al final acabas calificándolo como correo no deseado. Claros ejemplos de esto son las empresas o webs de viajes, webs de comparativas de seguros o de compañías telefónicas, por destacar algunas.

Los mejores ejemplos de correo Basura y que todo el mundo conoce son los de Viagra, o hacer crecer tu miembro de manera desmesurada con métodos un tanto sospechosos o los del Príncipe Nigeriano que tiene dinero y no sabe a quién dárselo, y envía millones de correos a todo el mundo para ver quién quiere un poco del pastel.

Para que veas un ejemplo de que es algo que afecta a todo el mundo, yo mismo borré como 1000 correos de spam, desde 2011 que tenía almacenados en el buzón y por pereza o desidia no los había borrado aún. Pero conozco casos de primera mano que tienen más de 9000 correos...

Misterios de la informática (nivel usuario)

El Phishing

Para mí, el Phishing es algo que todo el mundo debería conocer. Es algo que en manos del desconocimiento es súper peligroso, y te puede arruinar la vida en cuestión de minutos. Afortunadamente, hay más conocimiento sobre él cada día que pasa y sobre lo que puede hacer, y además los filtros de las grandes empresas de hosting de servidores de correo los cazan de manera más efectiva.

Pero, definamos qué es el Phishing y por qué es tan peligroso. Combinando todos los conocimientos adquiridos previamente sobre los hackers y sobre el spam, básicamente el Phishing podría definirse como suplantación de identidad, es decir, simular que eres una página web cuando en realidad eres otra, para obtener un beneficio a costa de un tercero, y la mayor parte de las veces, un beneficio dañino. Y todo esto lo suelen crear los hackers, y difundirlo a través del spam. Aquí tienes la relación entre los 3.

Seguro, al 100%, que has recibido algún correo, o del Banco Santander, o de BBVA o de cualquier otra entidad bancaria, y has pensado ¿Que correo más raro que me pide que introduzca la contraseña de un banco donde no tengo cuenta?

Sexta parte – Términos que has oído, pero desconoces qué son

Pues si has sido víctima de ese correo y luego has conseguido llegar a esa conclusión, y obviamente no has introducido la contraseña en el enlace que te dicen, has conseguido evitar un ataque de Phishing. Si lo has hecho, y luego has caído en ello porque resulta que SI tienes cuenta en ese banco, llama a tu banco y cambia la contraseña o hazlo tú mismo desde la propia página si puedes raudo como el rayo. No le des prioridad a otra cosa en tu vida nada más que a eso.

Pero si has pinchado en el enlace, has metido la contraseña y no te has dado cuenta, pueden pasar varias cosas: que te desplumen en cuestión de minutos o con un poco de suerte, en días. Afortunadamente, como decía anteriormente, las entidades bancarias no son inmunes a este tipo de ataques pero conocen el modus operandi de estos atacantes y saben que ningún ciudadano de a pie saca todo el dinero que tiene en un periodo tan corto. O por lo menos, parece raro a priori. Entonces si te pasa esto y luego llamas al banco, es bastante probable que el banco te devuelva el dinero.

Un truco bastante útil, por si no estás seguro sí pinchar en un enlace o no, ya que incluso a las personas que estamos dentro de este mundillo, a veces nos cuesta distinguir entre sí es legítimo o no, es ver la dirección desde donde nos mandan el correo. Por ejemplo, si te mandan un correo del banco Santander es posible que te manden algo con una dirección del tipo info@bancosantander.es, más o menos, pero ya ves que el nombre de la empresa aparece en el correo. Lo normal, y por suerte es que en un ataque de Phishing veamos una dirección de números y letras aleatorias, por ejemplo info@hxyru87s.com. Algo que duele solo con mirarlo.

En cualquier caso, no hay nada crítico en esta vida, y esto no va a ser menos. Es mejor pecar de duda y no pinchar en ese enlace sospechoso y que te vuelvan a mandar otro correo en días posteriores para reiterarte ese problema y te aseguro que seguirá teniendo solución.

Sexta parte – Términos que has oído, pero desconoces qué son

EL GAMING, ¿NECESARIO O INNECESARIO?

¿Qué es el Gaming? El Gaming es un término, relativamente nuevo, del siglo 21 aunque, en realidad, lleva existiendo desde que los ordenadores permiten instalar y jugar videojuegos en ellos.

El concepto se refiere a los juegos electrónicos que aparecieron con fuerza con el desarrollo de la tecnología y que han ido creciendo con la llegada de nuevos dispositivos. Realmente, podríamos englobarlo en una mini tribu urbana, los Gamers, que son esas personas que les gusta jugar a videojuegos, ya sea en PC o Consola.

Hay diversos subtipos de Gamers, desde los que se dedican a jugar eventualmente a juegos, hasta los que se dedican laboralmente a ello, es decir, ganan dinero por jugar, y ganar premios en campeonatos. Esto último es algo mucho más reciente, pero que ha cobrado una importancia brutal en los últimos 10 años con la aparición de los famosos equipos de E-Sports (Deportes electrónicos), de juegos como League of Legends (LOL), Call of Duty (COD), Valorant, Smite, etc....

Gracias (o no) a esta nueva fiebre por los videojuegos, los fabricantes empezaron a orientar sus diseños de componentes informáticos (ratones, teclados, tarjetas gráficas, etc...) al Gaming. Empezaron a poner lucecitas RGB Led a los componentes, logotipos llamativos, colores molones o aumentos de precios ilógicos por el mero hecho de ser componentes para "Gaming", entre otras cosas, provocada por la creciente demanda de estos componentes, y muchas otras "chorraditas" más.

No nos engañemos. Al ser humano se le compra muchas veces por lo que ve más que por lo que hace o para lo que sirve. Y esto no deja de ser puro marketing visual. Puedes comprarte un ratón, de marca Logitech, por ejemplo, y costarte más barato que uno exactamente igual, con las mismas características técnicas, pero que lleva la etiqueta "Gamer" o "Gaming", o que lleva unos leds, que van de izquierda a derecha cuando juegas.... ¿Ves la diferencia?

Lo mismo pasa con las sillas Gamers, frente a las sillas normales de oficina de toda la vida, incluso mejores, ergonómicamente hablando, que, a lo mejor por el mero hecho de no llevar un logotipo de alguna marca, o tener un diseño "Gamer", son más baratas.

Volvemos a lo mismo de siempre. Cada uno se puede gastar el dinero en lo que quiera, pero en los tiempos

Sexta parte – Términos que has oído, pero desconoces qué son

que corren, con la cantidad de oferta de productos que existe en el mercado, es bueno conocer la verdad y la mentira de estos productos, y arrojar un poco de luz para enseñar a la gente a comprarse lo que realmente necesita. No están los tiempos para andar tirando dinero innecesariamente. Vivimos en la sociedad del efecto Diderot. Es decir, la espiral de consumo en la que estamos inmersos que crea esa necesidad de adquisición de algo nuevo y provoca un efecto de llamada que nos lleva a comprar más cosas nuevas, aunque no las necesitemos.

Misterios de la informática (nivel usuario)

LA REALIDAD VIRTUAL Y EL METAVERSO

Posiblemente, desde hace unos 5-10 años hayas oído un término que suena muy bien al oído, pero luego realmente no parece nada del otro mundo. Es el Metaverso. Ese universo ficticio-real que existe dentro de un ordenador en el que tú puedes ser lo que quieras. Es decir, Matrix, pero, de momento sin centinelas ni Agentes Smith.

Como concepto, puede estar muy bien, de hecho, debido a mi condición de adicto a la tecnología, me gusta darle una oportunidad a todo aquello que nace con un ordenador dentro.

Como decía unas líneas atrás, y si no has visto Matrix, ya te la destripo yo. Un hombre llamado Thomas Anderson, vive en una realidad que él cree real (valga la redundancia), pero que con el trascurrir de la película, al final acaba descubriendo que hay otra realidad, que realmente es la real. Si estás leyendo esto por la noche, imagino que te costará digerirlo...

Cuando aparece un hombre llamado Morfeo y le ofrece una pastilla roja y azul a Thomas, alegando que una le permitirá ver la realidad y la otra quedarse donde está, Thomas decide tomar la pastilla roja, para ser desenchufado de Matrix (la realidad ficticia, al uso el

Sexta parte – Términos que has oído, pero desconoces qué son

Metaverso), y es cuando descubre que realmente no se llama Thomas, sino Neo.

Y descubre que todo este tiempo ha estado tan metido en una vida que no es la suya, que no es real. Y entonces Neo descubre el metaverso. El resto es historia del cine, que no te contare para que tengas una trilogía de películas que, si no has visto, te recomiendo encarecidamente que lo hagas.

Al uso, Matrix es el metaverso, un sitio donde puedes ser lo que quieras, y como quieras, lo único que, a diferencia de la película, no estamos enchufados a ningún artefacto (de momento), pero si necesitamos enchufar otro llamado "Gafas de Realidad Virtual o RV".

Nuevo concepto. Realmente el metaverso y la realidad virtual son lo mismo, pero imagino que te sonará más Metaverso, porque últimamente es de lo único que se habla, sobre todo Facebook o Meta, y sus constantes fiascos con esta tecnología.

Como concepto, la cosa pinta muy bien. Es cierto que aún está verde, pero creo que el Metaverso viene para quedarse entre nosotros.

Misterios de la informática (nivel usuario)

Como ya comenté en la parte tres, en el apartado de Facebook, esta idea no es nueva; antes ya existían Second Life o Habbo Hotel, lo único que ahora parece que quieren hacer algo, como más corporativo, más real, algo tipo Ready Player One (Otra película que te recomiendo para un sábado noche...)

La realidad virtual plantea muchas novedades, desde permitir a gente parapléjica o minusválida el poder volar con un traje de alas, o montarse en una montaña rusa virtual, permitir a los reclutadores de empresas poder comprobar cómo se desenvuelven los posibles candidatos en un entorno laboral, visitar sitios idílicos que ni siquiera existen en nuestra imaginación, ligar, jugar a videojuegos como si estuviéramos en Azeroth[36] en tiempo real, y un largo número de etc....

No descarto que, en un futuro, el metaverso sea lo único que exista, y estemos tan metidos en él, que seamos incapaces de poder socializar cara a cara como podemos hacer hoy día en un parque o en una reunión, y al final nuestra vida diaria se convierta en estar sentados en una camilla, sin saberlo, pinchados a una máquina, y 24 horas al día metidos en Matrix.... Espero que podamos ser capaces de evitar esa situación y

---

[36] https://es.wikipedia.org/wiki/Historia_del_mundo_Warcraft

Sexta parte – Términos que has oído, pero desconoces qué son

poder seguir distinguiendo entre realidad y ficción...Solo el tiempo lo decidirá...

Misterios de la informática (nivel usuario)

La IA, ALGO DE MODA, Y PELIGROSO A LA VEZ

Como comentaba en el capítulo de los Robots, desde que somos pequeños, o al menos yo, hemos visto películas que hablan sobre robots que se vuelven contra la humanidad, robots que ayudan a combatir especies alienígenas, robots que nos ayudan diariamente a hacer tareas e incluso, robots de los que nos enamoramos.

Pero detrás de todos ellos siempre hay un concepto que a menudo oímos, pero desconocemos enormemente: La Inteligencia Artificial, IA o AI, en inglés.

Como su propio nombre indica, la IA, no es otra cosa que una inteligencia humana edulcorada y modificada, es decir, una inteligencia que intenta asemejarse a la de un ser humano, pero eliminando los problemas de diseño que tenemos de serie.

Como la propia acepción de la palabra Inteligencia dice, según la RAE: "Capacidad de entender o comprender o resolver problemas". Y la acepción del término inteligencia artificial: "Disciplina científica que se ocupa de crear programas informáticos que ejecutan operaciones comparables a las que realiza la mente humana, como el aprendizaje o el razonamiento lógico".

Sexta parte – Términos que has oído, pero desconoces qué son

De acuerdo, sí, pero con matices. Para que un ordenador/robot pueda aprender, necesita unos modelos de entrenamiento. Esto lo habrás oído millones de veces en la Tv o visto en las noticias de Internet.

Básicamente esto significa, que, para poder ser listo, tienes que aprender de los listos. Por eso decía que al final la IA, no es más que una extensión mejorada de la mente humana.

Aunque pueda parecer algo monstruoso el pensar si algún día un ordenador llegará a ser más listo que un ser humano, es complicado saberlo, porque no conocemos ni el potencial de nuestro propio cerebro, con lo cual, no sabemos el límite que tenemos....

Si podemos tener una estimación de lo que se puede llegar a conseguir con una IA, de hecho, ya estamos viendo pequeños ejemplos en estos últimos meses de 2022, principios de 2023, de inteligencias como ChatGPT, que puede crear programas informáticos por sí mismo, con modelos ya creados, o Dall-E 2, capaz de crear imágenes en cualquier estilo inimaginable con solo introducir un texto describiendo lo que queremos obtener. De hecho, un ejemplo palpable es la portada de este libro, que ha sido creada con tecnología de

Misterios de la informática (nivel usuario)

Stable Diffusion, otra IA capaz de dibujar solo describiendo con palabras lo que quieres plasmar, y luego modificada con Photoshop, para el título y algún pequeño retoque. Otras como Midjourney, también en el ámbito del dibujo, muy popular y polémica últimamente por haber creado obras que han ganado concursos de arte....

Esto es solo un ejemplo de lo que podemos llegar a conseguir, pero aquí no acaba. Se sabe de la existencia de inteligencias que predicen modelos matemáticos de extinción de especies, conducción autónoma de vehículos no tripulados por humanos, los altavoces inteligentes que tenemos en nuestros hogares, también funcionan con una IA propia, retoques automáticos de fotografías, texto predictivo en buscadores de Internet, recomendaciones de productos en comercios online, automatización del hogar, etc.....

Como puedes ver, sí, es para asustarse lo popular que puede ser la IA en nuestras vidas, y ni siquiera plantearse día a día el uso que hacemos de ella.

¿Debemos tener miedo de la IA? Debemos tener cautela, no miedo. Pero no nosotros, sino los propios desarrolladores del código, porque al final son ellos los que delimitan hasta donde o no puede llegar. Ellos son

Sexta parte – Términos que has oído, pero desconoces qué son

los que pueden decidir hacer una inteligencia que le diga a un Dron aéreo militar que bombardee una ciudad, a discreción y sin ningún criterio, o decirle simplemente que solo dispare en defensa propia. La diferencia es abismal en el concepto en sí. Nosotros al final, somos usuarios mortales que la utilizamos, con buena o mala intención, pero desconocemos los entresijos que la forman, no conocemos que hace por detrás Alexa cuando le pedimos que nos cuente un chiste por ejemplo...ni para que utiliza esa información. Y como ya sabemos, según el dicho, "La información es poder".

NVIDIA, AMD, INTEL, Y UN LARGO ETC....

Intel, Nvidia, AMD, ATI, Apple, Android, Samsung, Xiaomi, Philips, Lg, Google, Sony, Alexa, Asus, Acer, y un largo etc... de marcas para que tu cabeza, si no lo ha hecho ya, explote.

En un mundo con tanta tecnología es muy difícil moverse entre las miles de marcas que hay, y peor aún, unas están especializadas en unos campos y otras en otros. Es cierto que muchas intentan diversificar lo máximo que pueden, pero al final, siempre serán buenas en los campos en los que empezaron. Samsung es un claro ejemplo de ello. Tienes Televisiones, Móviles, Electrodomésticos, y un largo número de cosas, pero al final, siempre acabas comprándote una televisión Samsung. OJO: No quiere decir que los otros sean malos, pero solo tienes que ver una cosa que siempre funciona y que oirás a todo el mundo. "Me he comprado una Televisión Samsung de p*** madre".

Por algo será. Cada uno tiene su especialización en su campo, y por suerte para ti, voy a darte un poco de luz en este asunto para que no tengas que pensar que marca comprarte. Solo dejo a tu elección las características que quieres que tenga ese nuevo dispositivo que vas a comprarte.

Sexta parte – Términos que has oído, pero desconoces qué son

Obviamente mi opinión no es una ciencia exacta ni es ley, pero con la experiencia que he ido adquiriendo estos años, creo que estoy en la posición de poder recomendar a la gente ciertas cosas.

Para TVs

La decisión es fácil, al menos hoy día, para Televisores de gama LED. Con marcas como Samsung, LG, Philips o Sony no deberías equivocarte.

Ojo, hay que decirlo todo. No son marcas baratas, pero son de las mejores en cuanto a televisiones se refiere. No tienen una buena relación calidad precio, pero es lo que hay. Si eres un fanático del color negro absoluto, de los colores llamativos, del HDR, del 4k, y todas esas historias, éstas son tus televisiones. Modelos en concreto no te puedo recomendar, porque en el momento en que estoy escribiendo este libro, los modelos están cambiando. Simplemente tienes que discernir entre el tamaño que quieras de televisión y el dinero que quieras gastarte. Lo demás son añadidos que en una o en otra medida, dicha televisión tendrá. Philips tiene unas cosas que LG no, al igual que Samsung tiene otras que LG o Philips, y así con lo que quieras....

Si, por el contrario, eres un fanático de conseguir el máximo de características por un precio un poco más justo, y una imagen un poquito de peor calidad, los Televisores Xiaomi no te defraudarán. Para mi Xiaomi es una marca que le gusta meterse, literalmente en todos los charcos de la tecnología, desde Ukeleles inteligentes, grifos, bombillas, coches, patines, móviles, televisores, relojes, bolígrafos, todo lo que imagines....

Xiaomi tiene muchos modelos de televisores en venta, y seguramente tenga alguno que cuadre con tus necesidades.

Una vez más me reitero, en la tecnología, como en tantas otras cosas, la marca importa y mucho....

PARA ORDENADORES
Hubo un tiempo en que la guerra era puramente Intel vs AMD. Esa guerra, no nos vamos a engañar, sigue existiendo, pero a esta confrontación han entrado nuevos contrincantes, no solo hablando de procesadores y modelos, sino también de marcas de ordenadores en sí.

Hablar solo de AMD o Intel sería injusto hoy día. Si es cierto que son los mejores procesadores para un ordenador, que puedas tener, cada uno con sus bondades e inconvenientes, pero antes de meternos en este fregado, hay que elegir entre dos conceptos, para poder acotar bien la selección final de nuestro ordenador.

¿Portátil o sobremesa? Esto es lo que deberías preguntarte primero. No voy a entrar de nuevo en algo que ya te he explicado en el primer capítulo, sobre elegir AMD, Intel o Mac.

Lo que debes elegir es sobre lo anterior. Si quieres sobremesa, tienes dos opciones: una, si tienes idea de informática es la de hacerte un ordenador clónico, es decir por partes, comprando las que necesitas o si quieres ir a lo fácil y quieres dejarte aconsejar por tu informático de confianza, comprarte uno ya hecho, que sabes que a la primera debería funcionar.

En estas opciones tienes múltiples marcas. Para el ordenador por partes:

- Marcas de Memoria RAM como Corsair, Kingston, G. Skill, Crucial o Gigabyte
- Marcas para elementos de disipación: Noctua, Corsair, Aorus, Arctic Freezer, Nox o Cooler Master.
- Marcas de fuentes de alimentación: Be quiet!, Cooler Master, Thermaltake, Corsair, Antec, EVGA....

- Marcas de discos duros SSD y HDD: Toshiba, Kingston, Samsung, Western Digital, Seagate, Sandisk o Crucial. En concreto para SSD, de las mejores Samsung, Toshiba y Western Digital.
- Marcas de Tarjetas gráficas: Actualmente hay 3 fabricantes, Nvidia, AMD e Intel. De estas, si son para jugar, Nvidia o AMD, la que elijas no te equivocaras. Ahora, de estás dos marcas, existen multitud de empresas ensambladoras, que pueden hacer la misma tarjeta gráfica pero distinto diseño, con más o menos ventiladores, etc...

  A destacar marcas como Asus, Gigabyte, EVGA, Asrock, MSI, Powercolor, Sapphire, XFX, Zotac, o PNY. Cada una ensambla de una marca concreta, es decir, que no todas fabrican de los dos tipos Nvidia o AMD.
- Marcas de procesadores: AMD, Intel y mas recientemente, Qualcomm, emblemático fabricante de procesadores móviles, que parece ser que ahora creara también para PC.
- Marcas de Cajas de PC: Nox, Thermaltake, Corsair, Sharkoon, Be quiet!, o Fractal.

Para ordenadores portátiles, la variedad de marcas es un poquito más sencilla:

Sexta parte – Términos que has oído, pero desconoces qué son

- Asus, Acer, Lenovo (Antiguo IBM), LG, Toshiba y HP: Para ordenadores gama media-alta.
- Sony, Samsung, Dell, MSI y Apple: Para ordenadores ya de tope gama. Sean para videojuegos, diseño 3d o programar

PARA MÓVILES

En el tema móviles, al igual que para los ordenadores, solo tienes que elegir entre Android o Apple. No hay más. Eso sí, si eliges Apple, prepárate a pagar, y mucho.

Apple no tiene gama media, es todo gama alta. Funcionará perfecto, durante mucho más tiempo que un móvil Android, pero al fin y al cabo es lo que estás pagando. Marca y calidad. Ten en cuenta que lo llamamos móvil, pero al final yo digo que es un ordenador con capacidad para hacer llamadas.

No pasa lo mismo en Android. Aquí podrás encontrar desde la mierda más absoluta, hasta el mejor móvil del mercado. No hay filtro. Imagina que Android es una red de pesca en el mar donde entran todos los peces y no se filtra nada. A contrapartida, lo complicado es elegir, no ya lo que queremos, sino lo que necesitamos.

Mi consejo más sabio es que concretes cuanto te quieres gastar, y hasta dónde estás dispuesto a llegar en un supuesto "enamoramiento ocasional y efímero de un dispositivo".

Para mí, la gama media alta está en torno a unos 300-400 €, pero claro, no todo el mundo quiere gastarse eso. Con ese rango tendrás móviles para unos 3-5 años, dependiendo de la suerte que tengas, las veces que se te caiga al suelo, y como lo maltrates instalando y borrando cosas. En este terreno nos movemos en marcas como OnePlus, Xiaomi, Oppo, Honor, Realme, Poco (Filial de Xiaomi), Motorola, algún Samsung y algún Google Pixel. Con estas, ahora mismo acertarás seguro.

Que quieres irte a algo un poco más caro, ¿en torno a 500-600 € en adelante? Tienes marcas como Xiaomi, Google, Samsung, Realme o Poco. Casi las mismas que las anteriores, por eso decía antes, que con Android puedes encontrar una grandísima gama de móviles, en la calidad que quieras, y casi siempre en la marca que más te guste.

En torno a la gama media-baja, obviando la baja que serían los móviles BIC que venden en las gasolineras, hablamos de precios menores a los 100 €, con marcas y modelos de Xiaomi, Nokia, Vivo, Realme o Motorola. ¿Qué valen para llamar por teléfono? Pues claro que sí,

Sexta parte – Términos que has oído, pero desconoces qué son

pero no esperes que te valgan para jugar a juegos ni esas cosas, porque es bastante probable.

Pero al final el propósito de un teléfono móvil es ¿Llamar por teléfono no?

PARA RELOJES

Por último, y para culminar el libro, voy a hablar de algo que hace unos años, no era más que un simple instrumento para medir la hora, y poco más, pero con el paso de los años, ha ido pasando a un primer plano convirtiéndose en una extensión de nuestro móvil, y son los relojes inteligentes o los Smartwatches.

Como todo, los relojes han evolucionado tantísimo los últimos años, que ahora son capaces, aparte de darnos la hora, de realizar llamadas, de seguimiento GPS, de reproducir música, de medir las pulsaciones, de medir oxígeno en sangre, de medir todo, en general... básicamente como nuestro médico de cabecera en nuestra pulsera, orientado mayormente hacia la salud personal y el deporte.

Aquí, salvando las diferencias que hay entre unos y otros, con sistemas operativos diferentes, compatibilidades con móviles, o duración de batería (Algo muy importante), puedes elegir también entre muchísimas marcas.

Misterios de la informática (nivel usuario)

Algo muy importante para mí y que determina al final si un reloj merece o no la pena, es la duración de batería. Posiblemente ya no nos acordemos, pero antiguamente los móviles tenían baterías que duraban una semana sin cargar, y en los relojes, meses, sino años. Las típicas pilas de botón. Pero al igual que los móviles, los relojes y sus baterías, hoy son de Litio, y duran un día y medio, dos con suerte.

Por eso hay fabricantes que en su infinita sabiduría han decidido hacer relojes con una duración de batería de un mes, algo asumible para mí.

Lo siento. No pienso pagar por un reloj cuya batería dure dos días. Ya tengo bastantes cosas en mi cabeza, entre ellas de acordarme de cargar el móvil cada dos días, como para añadir a la ecuación el reloj.

Vale, es cierto que la batería te dura 1 mes porque la pantalla no muestra constantemente la hora. Que en los que te dura un día o dos, si la muestra, pero ¿tanto supone tener que darle a un botoncito del reloj para que nos muestre la hora a demanda, cuando queramos, como cuando encendemos un móvil? Creo que no supone tanto....

A igualdad de características que hemos citado antes, hoy día, la mayoría de relojes inteligentes, todos las

Sexta parte – Términos que has oído, pero desconoces qué son

tienen. Y no creo que necesites permanentemente que tu reloj este midiéndote las pulsaciones o geolocalizándote... no es necesario... créeme.

Por eso si nos vamos a relojes cuya batería tenga una duración aceptable, podemos hablar de marcas como Amazfit, Xiaomi, Honor, Garmin, Fitbit o Huawei. Todas tienen relojes con baterías diferentes, pero creo que son las únicas que tienen baterías tan duraderas.

Si, por el contrario, prefieres sacrificar duración frente a calidad y marca, puedes irte a relojes Samsung, Huawei, Apple, Polar, Garmin, Fossil o Suunto. Al final muchas marcas de antaño que llevan fabricando relojes toda la vida, tienen que reinventarse para poder seguir vendiendo, pero no nos engañemos. Son los mejores relojes inteligentes que puedes comprar y no son baratos.

Donde han quedado los famosos Casio, tan de moda últimamente gracias a cierta canción, que siempre quedarán en nuestro recuerdo porque podían cambiar los canales de la televisión cuando estabas en un bar viendo el fútbol....

EPÍLOGO

Como veis, al final la solución siempre es la misma. Comprar lo que uno necesita, y como podéis deducir, no he reinventado la rueda.

Quiero recalcar que mi opinión o palabra no es la ley. Solo me baso en mi propia experiencia, que al final es la que muchas veces, para bien o para mal, ha ido dictando mis decisiones en la vida.

Meterse en este mundo no es agradable. Te tiene que gustar mucho para poderte "sumergir en este berenjenal" que la sociedad actual ha creado por y para nosotros.

Entiendo que es difícil para mucha gente, sobre todo de generaciones anteriores, no poder seguir el ritmo que llevamos de marcas, modelos, esto o lo otro. Veo a mi padre, que nació en los años 50, que le ha gustado y le gusta esto, pero contemplo como se va, o se tiene que ir descolgando de este tren, que como digo, para muchos es imposible de seguir, porque llega un punto en el que te hartas de todo y no quieres tener que pensar todos los días, o cada vez que te surge la necesidad de comprarte un dispositivo tecnológico de tener que estudiar un Master en horas o días, para saber que comprarte o no, que será mejor, o que me durará más.

Epílogo

El consumismo desmesurado en su pura esencia en el que vivimos, que alimenta esta rueda, y la cual no podemos parar, hasta que como le digo yo a mi mujer, nos vayamos a una casita de madera en Suiza, con tus cabras y tu campo y le den por ahí al mundo y a la sociedad en general (Símil del abuelo de Heidi, muy sabio él, en su momento, y que no supimos entender...) No lo pensamos habitualmente, pero yo a veces me paro a pensar en ello, y es bastante estresante recordar donde estábamos hace 20-30 años, donde estamos ahora, y donde estaremos dentro de otros 30.

Mi padre, que es muy sabio en ese aspecto, al final ha delegado esa toma de decisiones muchas veces en mí, y me pregunta que se compra o no, porque ve que yo estoy todavía en esa rueda.

Sin embargo, veo con orgullo a mi madre, que toda la vida ha pasado de este tema, y ha sido cuando ha tenido su primer móvil inteligente hace unos 5-7 años, cuando ha empezado a llamarle el gusanillo de esto, hasta llegar al punto de no querer parar de usarlo.

Es una contrapartida que refleja bastante nuestra sociedad, de los que viven o vivían en los pueblos de Castilla o Andalucía, que pasan olímpicamente de este asunto porque, como mi abuela, les pilla ya muy mayores, o como mi hermano, menor que yo, que al final deciden vivir día a día, sin pensar en ello y pensando en "Que pase lo que tenga que pasar", "Si se rompe esto, ya lo arreglaré...".

Imagino, al igual que mi padre, que algún día delegaré estas competencias en mi hijo o hijos, quien sabe, o en algún robot asistente de Tesla que vaya por mí a las tiendas a comprar, o que rebusque en los entresijos de Internet y me diga en dos microsegundos, cual es el móvil que es tendencia del momento, o el mejor ordenador que se adapte a mis necesidades.

Con esto concluyo mi primer y único libro sobre la informática. No sé si será el primero de muchos o el último de todos. Lo que traiga el futuro, tendrá que ser. Espero por lo menos haberte resuelto algunas dudas, que imagino que tendrías, o no, y si no es así, por lo menos haberte divertido, con algo ameno y diferente. No es una novela premio Planeta, ni un Ensayo sobre física Cuántica, pero bueno al fin y al cabo es un libro.

Suerte, paciencia si no lo había dicho, y no gastes mucho tiempo en buscar ese dispositivo perfecto para comprar. No existe. La obsolescencia programada es una realidad, y los fabricantes tienen que dar de comer a sus familias....

Epílogo

Esa es la verdad y el verdadero misterio y solución de la informática....

Bibliografía

Colaboradores de Wikipedia. Facebook [en línea]. Wikipedia, La enciclopedia libre, 2022 [fecha de consulta: 1 de junio del 2022]. Disponible en <https://es.wikipedia.org/wiki/Facebook>.

Colaboradores de Wikipedia. Instagram [en línea]. Wikipedia, La enciclopedia libre, 2022 [fecha de consulta: 2 de junio del 2022]. Disponible en <https://es.wikipedia.org/wiki/Instagram>.

Colaboradores de Wikipedia. WhatsApp [en línea]. Wikipedia, La enciclopedia libre, 2022 [fecha de consulta: 3 de junio del 2022]. Disponible en <https://es.wikipedia.org/wiki/WhatsApp>.

Colaboradores de Wikipedia. Amazon [en línea]. Wikipedia, La enciclopedia libre, 2022 [fecha de consulta: 3 de Julio del 2022]. Disponible en <https://es.wikipedia.org/wiki/Amazon>.

Colaboradores de Wikipedia. Aliexpress [en línea]. Wikipedia, La enciclopedia libre, 2022 [fecha de consulta: 3 de septiembre del 2022]. Disponible en <https://es.wikipedia.org/wiki/ Aliexpress>.

Bibliografía

Colaboradores de Wikipedia. Telegram [en línea]. Wikipedia, La enciclopedia libre, 2022 [fecha de consulta: 5 de septiembre del 2022]. Disponible en <https://es.wikipedia.org/wiki/Telegram>.

Colaboradores de Wikipedia. Telegram [en línea]. Wikipedia, La enciclopedia libre, 2022 [fecha de consulta: 5 de septiembre del 2022]. Disponible en <https://es.wikipedia.org/wiki/Telegram>.

Kaspersky. (s.f.). Una breve historia de los virus informáticos y lo que nos deparará el futuro. <https://latam.kaspersky.com/resource-center/threats/a-brief-history-of-computer-viruses-and-what-the-future-holds>

Javier Yanes. (s.f.). Un cuarto de siglo de spam en internet: así nació el correo basura. <https://www.bbvaopenmind.com/tecnologia/mundo-digital/cuarto-siglo-spam-internet-asi-nacio-correo-basura/>

Enrique Pérez. (2021, 13 de Mayo). Nace Matter: así es el estándar impulsado por Google, Apple y Amazon para conectar los dispositivos del hogar bajo una misma plataforma. <https://www.xataka.com/domotica-1/nace-matter-

asi-estandar-impulsado-google-apple-amazon-para-conectar-dispositivos-hogar-plataforma>

Colaboradores de Wikipedia. Domótica [en línea]. Wikipedia, La enciclopedia libre, 2022 [fecha de consulta: 10 de octubre del 2022]. Disponible en <https://es.wikipedia.org/wiki/Domótica>.

www.ingramcontent.com/pod-product-compliance
Lightning Source LLC
LaVergne TN
LVHW051332050326
832903LV00031B/3498